그림으로 보는 ABA

부모와 교사를 위한
그림 가이드 북

인사말

먼저 이러한 행동 중재를 그림으로 표현하는 데 도움을 주신 놀라운 재능을 가진 일러스트레이터 Saliha에게 감사드립니다. 덕분에 세세한 부분과 감정을 그림으로 나타내어, 독자들이 각 그림과 관련된 개념을 빠르게 파악하도록 만들 수 있었습니다. 또한 부모이면서 행동분석가로서 특별한 관점을 제공해 준 Anesa에게도 감사드립니다. 그 덕분에 우리 책이 다양한 배경을 가진 광범위한 독자들에게 다가갈 수 있었습니다. 책의 각 중요한 부분을 자세히 검토해 주신 Wynne과 Igor에게도 감사드립니다. 저희가 자신감을 가지고 책을 낼 수 있었습니다. 또한 우리 책을 검토하고 의미 있는 피드백을 제공해주신 많은 분들에게도 감사드립니다. 마지막으로, 이 프로젝트를 통해 우리를 지지하고 격려해준 든든한 지인들과 가족에게 감사드립니다.

ABA Visualized: A visual guidebook for parents and teachers Copyright Studio van Diepen LLC, 2019
All rights reserved.

Korean translation copyright 2021 ABAHOME Books License arranged through KOLEEN AGENCY, Korea.

All rights reserved.

이 책의 한국어판 저작권은 콜린 에이전시를 통해 저작권자와 독점 계약한 ABA부모회에 있습니다.

저작권법에 의해 한국 내에서 보호를 받는 저작물이므로 무단 전재와 무단 복제를 금합니다.

그림으로 보는 ABA
부모와 교사를 위한 그림 가이드 북

발행일 2021년 10월 3일
지은이 Morgan van Diepen
옮긴이 김다윤, 이지영
펴낸이 김상민
펴낸곳 ABA부모회
등록번호 2018년 3월 28일 제2018-000008호
주소 대전 유성구 대학로 31 유성한진오피스텔 612호 전화 010-2932-4612
이메일 aba@abahome.org
홈페이지 http://abahome.org
카페 http://cafe.naver.com/abahome
한국어판 출판권 ⓒ ABA부모회, 2021
ISBN 979-11-963557-1-5

구성

- **소개**
  - 16 ABA란?
  - 17 자폐스펙트럼 및 기타 장애
  - 22 도서 개요
  - 24 중재 개요

- **ABA의 기초**
  - 28 소개
  - 33 행동의 기능
  - 40 강화/벌

- **예방 전략**
  - 50 소개
  - 54 환경 바꾸기
  - 56 사전 예고
  - 58 먼저, 그 다음
  - 60 쉬운 것, 쉬운 것, 어려운 것
  - 62 선택권 주기

- **반응 전략**
  - 66 소개
  - 68 말하고, 보여주고, 실행하기
  - 70 토큰 경제
  - 72 바람직한 대체행동 가르치기
  - 74 기능에 따른 소거
  - 78 문제행동 차단하기
  - 80 상동행동 중재

- **새로운 기술 가르치기**
  - 84 소개
  - 86 연합
  - 88 자연적 중재
  - 90 작은 단위로 나누기
  - 92 문제 해결하기 1
  - 94 문제 해결하기 2
  - 96 행동 형성과 용암
  - 98 모델링
  - 100 일반화
  - 102 놀이 기술
  - 104 공동 주의
  - 106 요구하기 가르치기

- **여러 중재를 함께 사용하기**
  - 110 소개
  - 112 전자기기 끄기
  - 114 과제 지속하기
  - 116 교실 방해 행동
  - 118 장난감 공유하기
  - 120 "안돼", "기다려" 받아들이기
  - 122 편식
  - 124 지시 따르기
  - 126 전환
  - 128 개인정보 가르치기
  - 130 말하기 가르치기

- **교구들**
  - 134 소개
  - 136 토큰 보드
  - 138 행동 계약
  - 140 시각적 일과표
  - 142 과제 분석
  - 144 문장 시작 카드
  - 145 '먼저, 그 다음' 시각적 지원
  - 146 ABC 데이터 수집 기록지

- **자료들**
  - 150 추천 제품 (도움이 되는 자료)
  - 152 참고문헌
  - 156 용어 찾아보기

저자 노트

이 책은 자녀 또는 학생을 가르치기 위해 효과적인 중재법을 배우고자 하는 부모님과 교사들에게 도움이 될 것입니다. 훌륭한 행동 중재에 관한 내용을 배우기 쉽고 기억하기 쉬운 방식으로 가르치는 것에 구체적인 목표를 두었습니다. 연구를 통해 효과가 입증된 중재를 그림으로 나타냄으로써 개념을 쉽게 이해하고 여러 가지 목표에 맞게 적용할 수 있도록 하였습니다. 이 책으로 말미암아 여러분이 각 기술을 적용하고 자녀나 학생의 성장을 도울 수 있다는 확신을 갖기를 바랍니다.

감사합니다,
Morgan and Boudewijn van Diepen

저자 소개

Morgan van Diepen

Morgan은 ABA 분야에서 10년 이상의 경력을 쌓은 BCBA(Board Certified Behavior Analyst)입니다. 가정과 학교에서 개별 치료사로 시작하며 다른 사람의 삶에 긍정적인 영향을 미치려는 자신의 열정을 깨닫게 되었습니다. 더 많은 경험과 교육을 통해 Morgan은 ABA 중재를 사용하여 개개인에게 필요한 기술을 가장 잘 파악하고 학생들의 삶의 질을 향상시키는 방법에 대해 부모와 교사를 교육하기 시작했습니다. 시각 자료를 부모교육에 활용하는 방법(특히 영어가 모국어가 아닌 가족에게)에 관한 그녀의 연구는 2019년 5월 국제적으로 인정받는 ABAI 컨퍼런스에서 발표되었습니다. Morgan은 계속해서 가족과 교사를 위한 이해하기 쉽고, 다가가기 쉬운 행동중재 서비스를 지원하는 역할을 하고 있습니다.

Boudewijn van Diepen

Boudewijn은 수상 경력이 있는 인포그래픽(데이터를 시각화하는) 디자이너로 개념적이고 본질적인 관점에서 모든 프로젝트에 접근합니다. 그는 정부 기관 프로젝트에서부터 스타트업 비영리 단체에 이르기까지 다양한 분야에서 7년 이상 일했으며, 복잡한 정보를 효과적으로 바꾸어 이해하기 쉬우며 보기에도 근사한 시각 자료로 만듭니다. Boudewijn은 자신의 창의력을 발휘하여 세상을 더 이해하기 쉽게 만드는 것을 좋아합니다.

사명

응용행동 분석(ABA)가로서, 저는 수년 동안 수많은 가족 및 교사와 함께 일할 기회를 가졌습니다. 저는 무발화 아동이 말을 시작하는 것을 보았고, 주 양육자들로 하여금 아동이 또래와 친구관계를 맺는 것을 도왔으며, 학생이 결코 할수 없을거라고 여겨졌던 발달목표보다 더 발전하여 나아가는 모습들을 보았습니다. 성장을 위한 각각의 작은 발걸음은 학생과 가족 뿐만 아니라 저에게도 영향을 미칩니다. 다른 사람들이 더 독립적으로 살고 스스로 더 적절한 표현을 하도록 돕는 것은 매우 보람된 일입니다. 우리의 사명은 효과적인 ABA 중재를 모든 사람들이 이용할 수 있도록 하는 것입니다. 우리는 가족과 교사가 학생에게 필요한 기술을 가르치고 독립성을 기르는 데에 힘을 실어드리고자 합니다. 이해하기 쉽고 적용하기 쉬운 방식으로 효과적인 중재를 알려드리는 것을 목표로 말입니다.

많은 연구들이 부모가 기술 증진에 참여할 때 더 나은 결과가 있다는 직접적인 연관성을 보여줍니다. 제 경험을 통해서도 이것이 사실임을 알게 되었습니다. 학생 개인적으로도 ABA 치료 세션을 통해 큰 성과를 낼 수 있지만, 시간이 지남에 따라 가장 발전하고 이러한 기술을 유지하는 사람은 부모가 교육에 적극적으로 참여하는 학생입니다. 부모와 교사를 훈련시키는 것이 학생의 발전에 중요한 요소로 꼽히기 때문에 저는 부모와 교사가 가장 효과적으로 참여할 수 있는 자료와 교수법을 찾아보았습니다. 그러나 제가 찾은 대부분은 행동 전문 용어로 작성된 원문 자료이거나 혹은 말로 설명하고 중재하는 방법을 가르치는 식이었습니다. 저는 여기서 교수법의 전달 방식에 문제가 있음을 알게 되었습니다. 부모와 교사는 주로 중재 방법에 대한 긴 설명을 읽을 시간이 없거나 각 중재방법을 보여주면서 설명해주는 행동 분석가를 만나지 못할 것입니다. 이러한 문제는 영어를 제2 언어로 사용하는 다양한 배경의 가족들과 함께 일하면서 더욱 분명해 졌습니다. 프로그램을 실행하는 방법에 대한 긴 문장이나 말로 하는 설명을 이해하는 것이 어렵거나 때로는 중재방법을 정확하지 않은 방법으로 배우기도 하였습니다. 저의 남편이자 공동 저자는 이러한 경험을 바탕으로 시각 자료를 포함 시키는 새로운 교육 방식을 제안했습니다.

시각 자료를 함께 보시면서 ABA 중재를 보다 쉽게 이해하고 사용하여, 결국 도움이 필요한 사람을 보다 효과적으로 도울 수 있기를 바랍니다.

역자 서문

"아이와 함께 하는 모든 순간이 교육의 기회입니다."

2019년 봄, 내 아이의 특별함을 알고 나서 당혹감을 감추지 못하고 헛된 지푸라기를 잡고 허덕이다가 접하게 된 ABA 부모회의 모토는 충격으로 다가왔다. 함께 식사를 하고, 깔깔 웃으며 놀이를 하고, 한가로이 산책을 하는 자연스러운 모든 일상에서 우리 아이의 교육이 가능하다니, 그야말로 유토피아에서나 있을 법한 얘기였다.

미국은 이미 응용행동분석(ABA)을 자폐스펙트럼 장애의 치료에 가장 기본이 되는 교육방식으로 채택하고 특수교육이 필요한 자폐스펙트럼 장애를 동반한 아동이라면 의무적으로 ABA 치료를 제공받을 수 있게 하였다. 우리나라의 대한소아청소년정신의학회에서도 국내 최초의 자폐 발달지연 박람회인 오티즘 엑스포에서 자폐스펙트럼 장애를 진단받은 어린 아동의 부모님들에게 ABA를 중심으로 한 치료구성을 하도록 안내한 바 있다.

그런데 ABA를 기반으로 한 치료에 대한 국내의 관심이 높아지는 것에 비해, 체계적인 교육 과정을 이수하고 국제기준의 수련 과정을 마친 국내의 ABA치료사의 수는 아직 턱없이 부족하다. 최근 2~3년간 국제응용행동분석 전문가(BCBA) 및 준전문가(BCaBA) 자격증을 취득한 전문인력이 늘어나면서 국내에도 하이엔드 ABA치료를 제공하는 기관이 많이 생겼지만, 여전히 슈퍼바이저가 있는 집중적인 조기교실이나, 자격을 소지한 치료사의 세션에 들어가려면 기약 없는 기다림이라는 관문을 넘어야 하는 실정이다.

역자는 태고의 땅에서 온 야생늑대 같았던 아이가 이상적인 모습으로 변하는 것을 보면서 ABA식 중재가 무엇보다 효과적인 프로그램임을 실감하였다. 그러나 충분한 치료 세션을 확보하기 힘들었기 때문에, 부모가 직접 배워서 가정에서 부족한 부분을 채워주는 베이스캠프 치료사 역할을 하기로 결심하였고, 같은 뜻을 가진 부모들의 모임인 ABA부모회를 만날 수 있었다.

박사급 국제응용행동분석 전문가(BCBA-D)를 모시고 워크샵을 들으며 생소한 ABA 용어와 기법을 이론으로 익혔지만, 배운 기술들을 잘 선택하여 전략적으로 구사하기에는 턱없이 부족하였다. 실제 아이와 마주하는 순간에서는 예상하지 못한 일이 많아 시뮬레이션이나 많은 사례에 대한 감각적인 스킬이 필요했는데, 이 부분은 현실적으로 개인적인 노력만으로는 메울 수 없는 부분이었다.

이후, 백석대학교 응용행동분석학 석사과정에 입학하여 ABA를 전문적으로 배우고 수련을 시작하였다. 이 과정에서 만나게 된 아동의 부모님들 역시 치료에 적극적으로 참여하려는 노력을 하였지만 접근성과 방법론적인 한계라는 섬에 갇혀 있었다. 그래서 ABA를 친숙하게 소개하고 현장의 사례를 구체적으로 들어 간접경험을 통한 학습을 가능케 하는 우리말로 된 번역서가 꼭 필요하다고 느꼈다.

ABA는 꼭 자폐스펙트럼 장애가 있는 사람에게만 적용해야 되는 것은 아니다. ABA는 어떤 개인에게 사회적으로 의미 있는 행동을 변화시키고, 궁극적으로 그 사람의 삶의 질을 향상시킨다. 이 번역본을 통해 ABA가 조금 더 많은 사람에게 쉽게 다가가고, 독자들이 자신과 주변의 삶에 적용하며 긍정적인 변화를 누리게 되기를 바란다. 특히. 특별한 아이와 함께하며 뭘 어떻게 도와줘야 할지 고민이셨던 부모님과 가족들, ABA를 배워서 적용해보고자 하는 모든 일선에 계신 특수교육 선생님들이 이 책과 만나게 되기를 희망한다.

끝으로, 절대적인 물리적 시간의 부족에 맞서 승리하고, 이 책을 마주해봅니다. 이 책의 번역이 가능하게 해 주신 ABA부모회 김상민 대표님, 공동으로 번역작업을 해주신 김다윤 선생님 감사드립니다. 일과 학업, 육아, 가사의 사이에서 나를 버틸 수 있게 지지해주고 응원해 준 엄마와 신랑, 아이들에게 감히 형언할 수 없는 감사의 마음을 전합니다. 그리고, 내 삶에 대한 신념, 태도, 사소한 습관 하나까지도 모두 바꾸어 놓은 무한한 가능성을 지닌 작은 씨앗. 나의 아루. 사랑해.

차별 없는 세상, 동행하는 세상을 꿈꿉니다.

2021년 장애인의 날

이지영

김다윤
연세대학교 아동가족학과 졸업, 공주대학교 특수교육 대학원에서 심리행동치료학과 석사를 졸업하였다. 국제행동분석가(BCBA)이며, 현재 서울특별시 어린이병원에서 행동치료사로 근무 중이다.

이지영
연세대학교 임상병리학과 졸업, 백석대학교 특수교육대학원에서 응용행동분석학(ABA) 전공 석사를 졸업하였다. 국제행동분석가(BCBA)이며, 언어재활사, 임상심리사 및 ABA 부모회 정회원으로 활동 중이다.

소개

ABA

ABA란?

Applied Behavior Analysis(ABA)는 개개인의 삶을 의미 있는 수준으로 개선하는 것을 목표로 하는 치료 접근법입니다. 행동 분석의 과학은 행동이 어떻게 작동하는지, 행동이 환경에 의해 어떻게 영향을 받는지, 학습이 어떻게 이루어지는지를 이해하고자 합니다. 그런 다음 개인의 삶의 질을 향상시키는 기술을 가르치기 위해 이러한 결과를 실제 상황에 적용합니다. ABA의 목표는 개개인에게 도움이 되고 의미 있는 행동을 증가시키면서 유해하거나 학습을 방해하는 행동을 줄이는 것입니다.

왜 ABA가 효과적일까?

ABA는 증거 기반 중재를 사용합니다. 즉, 유용하고 품질이 높으며 효과적이라는 엄격한 기준을 충족합니다. ABA식 중재는 가정, 학교 및 지역사회 환경을 포함한 일상생활에 적용할 수 있습니다. 또한 생후 2개월부터 성인기에 이르기까지 일생에 거쳐서 효과적으로 적용할 수 있는 것으로 나타났습니다.

ABA 원칙에 기반한 중재를 사용하여 사회적 기술, 언어 및 의사 소통기술, 지시 따르기, 눈맞춤, 학습 준비 기술, 자기 관리 및 적응 기술, 주의 기울이기, 운동 기능 및 자기 조절 등과 같은 다양한 기술을 가르칠 수 있습니다.

ABA는 누가 필요한가요?

주로 자폐 스펙트럼 장애가 있는 사람들에게 ABA 중재가 효과적인 것으로 알려져 있지만, 그 개념은 모든 사람에게 적용할 수 있습니다. 실제로 ABA 중재는 식습관을 효과적으로 건강하게 개선하거나, 운동 시간을 증가시키거나, 새로운 언어를 습득시키거나, 스포츠 기술의 정확도를 높이고, 동물을 훈련시키고, 업무 효율성을 구축하는데 사용됩니다.

ABA 치료는 다음과 같은 진단을 받은 사람(예: 자폐 스펙트럼 장애, 주의력 결핍 및 과잉 행동 장애(ADHD), 강박장애(OCD), 지적 장애, 다운 증후군 등)에게 제공되고 있지만, ABA 중재는 전형적으로 발달하는 아동에게도 도움이 되는 것으로 나타났습니다. 또한 서비스 제공자, 교사, 부모 및 기타 보호자 등 누구나 이러한 중재를 실행하는 방법을 배울 수 있습니다. 왜냐하면 개인의 수준에 맞추어 중재를 변경할 수 있기 때문에 ABA는 모든 사람에게 적용이 가능합니다.

자폐 스펙트럼 및 기타 장애

소개

Applied Behavior Analysis의 원리는 다양한 직업과 환경에서 쓰이지만 자폐증을 가진 사람에게 가장 잘 알려져 있고 흔히 적용됩니다. ABA와 자폐증이 주로 연관 지어진 계기는 27개의 특정 ABA 중재가 자폐증 환자에게 효과적임을 발표한 National Professional Development Center(NPDC, 2014)의 심층 연구 때문이었습니다. National Standards Project(NSP, 2015)의 후속 연구에서도 상당한 지지를 얻었습니다. 많은 특화된 연구에 더하여 포괄적인 연구가 계속되었고, 질병 통제 및 예방 센터 (Center for Disease Control and Prevent, CDC)에서는 행동 치료를 주의력 결핍 및 과잉행동 장애 (ADHD), 반항장애(ODD), 강박장애(OCD), 우울증, 불안장애, 외상 후 스트레스 장애(PTSD) 및 자폐 스펙트럼 장애(ASD) 등과 같은 다양한 장애뿐만 아니라 여기에 국한되지 않은 다른 질환을 가진 사람을 위해서도 효과적인 중재 방법인 것으로 발표하였습니다. 다음 장에서는 ABA 기법이 가장 일반적으로 적용되는 4가지 장애를 선택하여 보다 심층적으로 살펴보겠습니다.

장애 진단을 받으려면 우리의 삶에 심각한 어려움, 고통 또는 손상을 초래하는 일련의 문제가 있어야 합니다. 그러나 ABA 중재는 특정 장애가 없는 사람에게도 도움이 될 수 있습니다. 왜냐하면 ABA는 장애를 치료하는 것을 목표로 삼는 것이 아니라 의미 있는 행동 변화를 만드는 수단이기 때문입니다.

자폐 스펙트럼 장애 (ASD)

자폐 스펙트럼 장애(ASD)란, 사회적 상호작용, 언어적 의사소통 및 비언어적 의사소통에 어려움을 보이고, 제한적이고 반복적인 행동이 특징적으로 나타나는 발달상의 문제를 말합니다. 여기서 스펙트럼의 의미를 생각해보면 사람마다 천차만별의 기능 수준과 문제의 정도가 나타날 수 있다는 것으로 이해할 수 있습니다. 다음의 몇몇 행동은 자폐 스펙트럼 장애를 가진 사람들에게 흔하게 나타납니다(언어발달 지체, 눈맞춤의 결여, 실행 기능의 문제(예: 추론, 계획, 문제 해결). 특정적으로 제한되고 지나치게 많은 관심, 열악한 운동 능력, 감각 예민도, 문제행동(예: 짜증, 공격성, 자해, 가출) 등 놀이를 하는 동안, 자폐 스펙트럼 장애가 있는 아동은 종종 제한된 관심사 또는 반복적인 행동에 몰두할 수 있기 때문에, 적절한 놀이 및 사회적 기술을 습득하는 것뿐만 아니라 또래 상호작용을 위한 기회도 제한적이기 마련입니다. ASD를 가진 사람은 종종 특정 기술이나 관심이 있는 분야에 대해서만 이야기하려 하거나 참여하고 싶어하는 경향이 있습니다. 경우에 따라 이러한 관심을 동료와의 관계 및 직업 기술로 연결시키는 방식으로 개선하거나 활용할 수 있습니다. 최근에는 자폐 스펙트럼 장애에 대한 인식 증가와 조기 진단 및 개입으로 유병률이 증가했습니다(현재 59명 중 1명). 조기 진단 및 개입은 개인의 삶을 크게 개선하는 것으로 나타나, 개별화된 서비스 및 지원에 대한 시작으로 이어졌습니다.

자폐 스펙트럼 장애의 원인

ASD는 입증된 원인은 없지만 최근 연구에 따르면 유전이 중요한 기여 요인으로 나타납니다. Autism Society of America의 보고서에 따르면 자폐증에는 인종, 민족 또는 사회적 경계가 없으며 가족의 소득, 생활 방식 및 교육 수준이 자폐증 발생 가능성에 영향을 미치지 않는다고 결론지었습니다. 2014년에 Sandlin과 그의 연구팀은 자폐증의 가족력에 따른 위험 정도를 평가하는 포괄적이고 영향력 있는 연구를 발표했습니다. 그들의 결과는 자폐증 환자의 유전성과 유전적 영향에 대한 강력한 증거를 보여주었습니다. 이 연구에서는 자폐증이 있는 사람의 형제 자매가 자폐증을 가질 확률이 그렇지 않은 사람보다 10배 더 높다고 판단했습니다. 사촌이 자폐증을 가지고 있는 경우, 그 사람이 자폐증으로 진단받을 확률은 그렇지 않은 사람보다 두 배 더 높습니다. 전반적으로 Sandlin과 그의 팀은 자폐증 유전 가능성을 50%로 추정했습니다. 요약하면 유전학의 영향과 관련하여 가장 인정받는 가설은 유전자가 자폐증 진단에 영향을 미치는 역할을 하지만 절대적인 역할은 아닐 수 있다는 것입니다. 진행 중인 유전 연구가 예방 및 치료 중재에 영향을 미칠 수 있는 명확한 생물학적 원인을 찾아내기를 기대하고 있습니다.

자폐증의 초기 징후

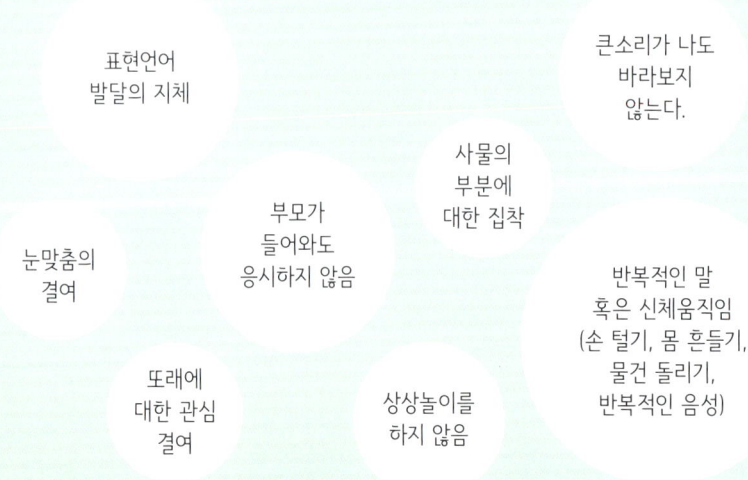

다운 증후군

21번 상염색체 이상으로도 알려진 다운 증후군(Down Syndrome, DS)은 사람이 여분의 염색체(21번 염색체)를 가지고 태어나는 질환입니다. 현재 다운 증후군은 예방할 수 없지만 임신 중에 발견할 수 있습니다.

다운 증후군이 있는 사람은 비슷해 보일 수 있지만 각 사람의 능력 수준은 다릅니다. 다운증후군은 종종 발달 지연을 경험합니다. 따라서 기본적인 기술과 조화를 이루어 강점과 재능을 개발하도록 양육하는 것이 중요합니다. 다운 증후군이 있는 아동은 목욕, 옷 입기 및 몸단장을 포함한 자기 관리에 대한 도움이 필요할 수도 있습니다.

미국 질병 통제 예방 센터(Centers for Disease Control and Prevention)는 다운 증후군의 현재 유병률을 미국인 700명 중 1명으로 발표했으며 다운 증후군이 가장 흔한 염색체 질환이라고 하였습니다.

다운 증후군과 관련된 신체적 특징 및 의학적 문제는 아동마다 다르지만 일반적으로 공통된 몇 가지 특징이 있습니다.

다운 증후군의 초기 징후

- 낮은 근기장도 (긴장 저하) 및 또래에 비해 느린 성장 속도
- 눈 쪽으로 기울어진 평평한 얼굴 모양 평균보다 작은 귀, 돌출된 혀
- 경도에서의 중등도의 지적기능 손상
- 다음과 같은 질환이 발병할 위험 증가 (선천성 심장 결함, 폐동맥 고혈압, 시력과 청력의 문제)

주의력 결핍 및 과잉 행동 장애 (ADHD)

주의력 결핍 과잉 행동 장애(Attention Deficit Hyperactivity Disorder, ADHD)는 아동기에 가장 흔한 신경 발달 장애 중 하나이며, 4-17세 아동에게서 11%의 확률로 나타납니다. 일반적으로 아이들은 주의집중을 못하거나, 충동적 행동을 통제하지 못하거나 또는 지나치게 활동적인 문제로 인해 학령기 초반에 진단을 받습니다. ADHD가 있는 사람의 경우 이러한 문제는 지속적으로 학업 및 사회 생활을 방해합니다. ADHD의 특징적인 행동은 부주의와 과잉 행동, 충동 행동입니다. ADHD를 가진 사람들은 이러한 문제행동 중 하나만 가지고 있을 수도 있고 아니면 여러가지의 복합적인 문제를 가지고 있을 수도 있습니다.

ADHD의 구체적인 원인은 알려지지 않았지만, 현재 연구에 따르면 유전이 큰 원인 중 하나입니다. 반대로 고당도 식단, 과도한 텔레비전 시청, 육아방식 또는 가정 환경이나 가난과 같은 환경적 요인으로 인해 ADHD가 발병하지는 않는다고 합니다.

ADHD의 증상은 나이가 들어감에 따라 변할 수 있습니다. 따라서 개개인이 맞닥뜨릴 수 있는 문제를 줄일 수 있는 특정 기술을 가르치는 것이 필수적입니다. 예를 들어, 어떤 사람들은 조직 및 시간 관리를 위한 특별한 중재 또는 잠시도 가만히 있지 못하는 행동을 줄이기 위한 행동적 중재를 배울 수 있습니다.

ADHD의 흔한 징후

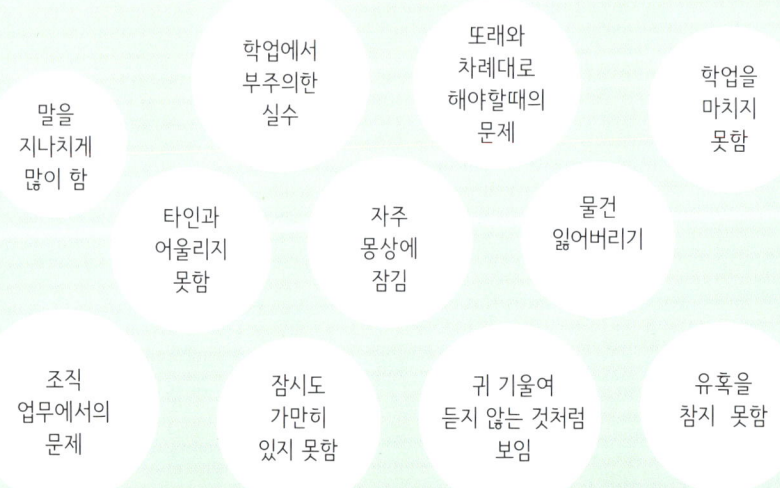

강박장애 (OCD)

강박장애(Obsessive-Compulsive Disorder, OCD)는 불안 관련 장애로 사람이 반복적이고 원치 않는 생각 또는 감각(강박적인)을 가지고 있어서 강제적으로 반복적인 무언가를 하게 되는 것입니다. 강박장애가 있는 사람의 경우 강박 행동은 상당한 시간(하루 1시간 이상) 지속되어서 다른 일상 활동을 자주 방해합니다. 아이들은 종종 나쁜 일이 일어나는 것을 막기 위해서 혹은 기분이 좋아지기 위해서 이러한 행동을 하기도 한다고 합니다.

강박 장애는 모든 인종과 사회 경제적 배경의 남성, 여성 및 아동에게 똑같이 영향을 미치며 아동 100명 중 약 1명꼴로 나타납니다. OCD가 있는 사람은 불안, 우울증 또는 일상에 지장을 주는 행동을 더 많이 경험하기도 합니다. OCD의 원인은 알려져 있지 않습니다. 그러나 현재의 연구에서는 유전적 요소가 크다고 알려져 있습니다.

강박적 사고의 흔한 예

- 물건을 정돈하고, 대칭을 맞추려는 생각
- 자신이나 타인을 해하려는 생각
- 오염에 대한 두려움
- 원치 않아도 공격, 성적 충동 등에 대한 생각이 듦

강박적 행동의 흔한 예

- 정해진 패턴이나 규칙을 따름
- 계속 확인
- 씻고 치우기
- 숫자 세기
- 어떤 일을 순서대로 해야함
- 반복적으로 안심을 받고싶어 함

도서 개요

다음 장에서는 ABA 중재법을 사용하여 학생의 기술 성장을 향상시키고 문제행동을 줄이는 방법을 배웁니다. 이에 대한 중재가 다음과 같이 구성되어 있습니다.

- **예방 전략** : 문제행동 발생을 방지하고 목표 행동의 발생을 높이는 데 사용할 수 있는 전략
- **반응 전략** : 문제행동을 중재하고 적절한 행동을 강화하는 데 사용할 수 있는 전략
- **새로운 기술 가르치기** : 학생에게 다양한 구체적인 기술을 가르치는 데 사용할 수 있는 전략
- **여러 중재를 함께 사용하기** : 구체적이고 일반적인 어려운 상황을 관리하는 방법에 대한 단계별 지침
- **교구들** : 중재와 함께 사용할 수 있는 탬플릿 및 자료

누가 사용하나요?

ABA 중재는 일반적으로 BCBA 및 행동 치료사와 같은 ABA 서비스를 지원하는 사람에 의해 많이 사용되지만 이러한 중재는 부모, 보호자 및 교사들도 성공적으로 배워서 시도할 수 있습니다. 사실, 우리는 아동의 삶에 관여하는 모든 양육자들이 이러한 중재를 사용하도록 권장합니다. 각 챕터에서 기술을 가르치는 모든 유형의 사람들과 기술을 배울 모든 연령대의 사람을 포괄적으로 가리키기 위해, 그림 속의 주인공들을 '교사' 및 '학생'으로 지칭하였습니다.

어디에 사용하나요?

어떤 중재는 가정 환경에 더 적합하고 또 어떤 중재는 주로 학교 환경에서 많이 사용됩니다. 그러나 대부분의 중재는 가정, 학교 및 지역사회 환경에서 모두 사용할 수 있습니다. 우리는 이 그림이 포함된 중재를 학생이 도움이 필요한 대부분의 장소에서 사용하는 것을 권장합니다. 왜냐하면 모든 환경에서 일관되게 적용했을 때, 가장 성공확률이 크기 때문입니다.

어떻게 사용하나요?

이것은 독자 여러분의 가이드 북입니다. 독자 여러분과 여러분의 가족에게 가장 도움이 되는 방식으로 사용하세요. 전체를 읽고 나서 가장 필요한 부분을 다시 읽으셔도 되고, 또는 현재의 문제 혹은 우선적으로 중재가 필요한 부분을 확인하기 위해 '중재 개요(25페이지)'를 먼저 읽을 수도 있습니다. 어느 쪽이든 중재를 시도할 준비가 되면 먼저 역할극을 하거나 연습을 해보는 것이 좋습니다.

스스로 단계를 완료할 수 있다는 확신이 들 때까지 그림 가이드를 계속 이용해도 됩니다. 각 중재법은 다양한 상황에서 사용될 수 있으므로 변경을 시도할 때는 그 페이지를 다시 참고하는 것이 도움이 될 수 있습니다.

또한 흔히 발생하는 더 까다로운 상황들을 해결하기 위해서 여러 가지 중재를 함께 사용하는 방법들이 109페이지에 소개되어 있습니다.

마지막으로 책 뒷면에는 잘라내거나 복사할 수 있는 탬플릿이 있는 '교구들' 섹션이 있는데, 일부 전략에 필요한 자료로 활용할 수 있습니다.

무엇을 기대할 수 있나요?

여기서 소개된 중재법들은 모두 효과성이 입증된 것입니다. 그러나 사람마다 다른 속도로 성공에 도달하기도 합니다. 행동은 과거의 경험에서 비롯되기 때문에 행동 변화가 즉시 발생하지는 않는다는 점을 기억하는 것이 중요합니다. 중재를 통해 의미있는 행동 변화를 만들고 좋은 결과를 이끌어내기 위한 가장 좋은 방법은 일관성을 유지하는 것입니다. 예를 들어, 요구하기(예: 사전 예고와 먼저, 그 다음)를 달성하기 위해 예방 전략을 사용하는 경우, 학생이 요구할 때마다 해당 중재법을 사용하십시오. 그리고 학생이 다른 가족 구성원과 교사에게 요구할 때에도 동일한 중재를 사용하도록 가르치십시오. 이렇게 일관성을 유지할 때 학생의 행동이 가장 효과적으로 변화할 것입니다. 요컨대, 인내하고, 끈기를 가지고 시도하세요.

문제행동을 줄일 때에는 소거라는 매우 효과적인 방법을 사용하게 됩니다. 간단히 소개하자면, 소거란 학생이 왜 문제가 되는 행동을 하는지를 파악하고, 그 행동을 유지시키는 모든 것에 대한 접근을 막는 것입니다. 이 중재를 사용할 때 소거 폭발이 발생할 수 있음을 예상해야 합니다. 간단히 말해서 소거 폭발은 "개선되기 전에 악화될 수 있다."는 의미입니다. 소거 폭발이 일어나고 문제행동이 악화되는 경우, (발생횟수 증가 또는 강도 증가) 이는 중재를 올바르게 수행하고 있으며 더욱 계속적으로 일관성을 유지해야 함을 의미합니다. 학생은 소거절차로 인해 이전에 하던 행동(예: 부모의 관심을 끌기 위해 소리를 지름)이 더 이상 통하지 않는다는 것을 배우고 있습니다. 어떤 학생들은 자신이 원하는 것을 얻기 위해 다른 방법을 써볼 수도 있습니다(예: 더 크게 소리지르기, 소리지르면서 울기 등). 이 소거폭발과 같은 과정을 줄이는 효과적인 방법은 학생에게 자신의 필요를 충족시키는 적절한 방법을 가르치기 위하여 바람직한 대체행동을 가르치는 중재법을 동시에 사용하는 것입니다. 최상의 결과를 얻기 위해서는 소거와 함께 이 방법을 사용하십시오.

중재 개요

여러분이 각각의 상황에 가장 적합한 중재를 선택할 수 있도록 모든 주요 중재의 흐름을 도식으로 만들었습니다. 차트 왼쪽에서 독자 여러분의 목표를 찾은 다음 선을 따라 이 목표를 달성하는 데 효과적인 방법을 살펴보십시오. 여러가지 중재가 도움이 될 수 있으며, 어떤 조합이 긍정적인 결과를 가져오는지 확인하기 위해 모든 방법을 동원하는 것이 좋습니다. 일관성이 중요하므로 선택한 중재법을 매일 적용하십시오!

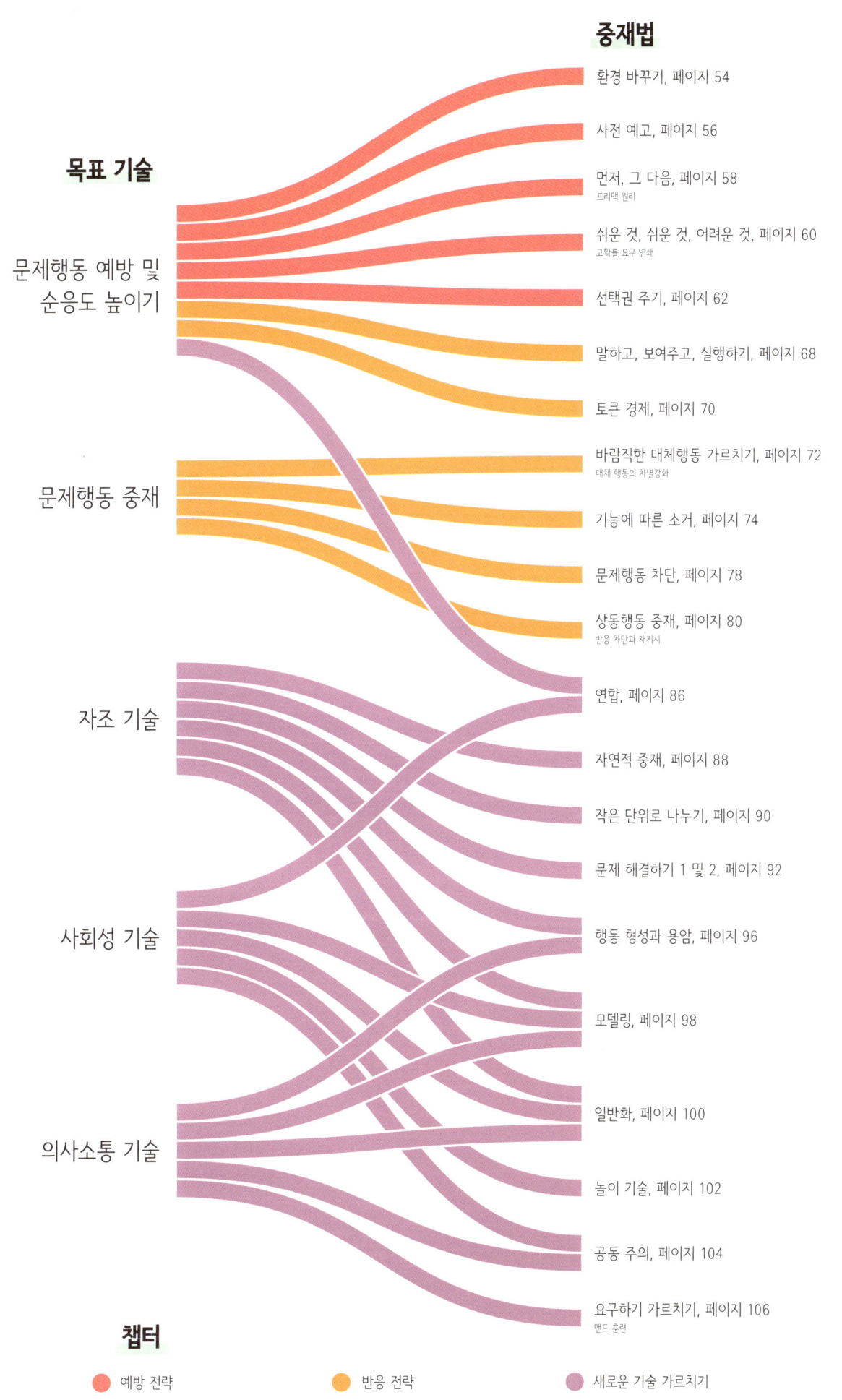

ABA의 기초

소개

ABA는 오늘날 이 분야의 중심이 되는 몇 가지 핵심 원리에 기반을 두고 있습니다. 이러한 원리는 어떤 중재를 사용해야 하는지, 중재를 가장 잘 사용하는 방법 및 선택한 중재가 효과적인지 평가하는 방법을 결정하도록 도와줍니다.

관찰 가능한 행동에 집중

ABA는 행동의 관찰 가능한 측면 즉, 일어나는 일들을 볼 수 있는 것에 초점을 맞추고 있습니다. 우리는 행동 전후에 일어난 사건에 주목하고, 그 행동이 일어난 이유로부터 단서를 찾습니다. 행동을 둘러싼 환경과 요인을 평가함으로써 우리는 왜 그 행동이 일어났는지를 이해할 수 있어야 그것을 바꿀 수 있습니다. ABA에서는 대상의 감정, 기분 또는 진단명을 통해 행동을 설명하기보다는 그 사람이 왜 그렇게 행동하는지 주변환경으로부터 그 이유를 찾습니다.

객관적이 될 것

ABA를 숙지하기 위해 꼭 필요한 자세는 객관적이 되는 것입니다. 이것은 우리가 바꾸고 싶은 행동이나 가르치고 싶은 기술을 처음 설명할 때부터 시작됩니다. '분노발작'이라는 단어는 사람들마다 각기 다른 행동을 떠올릴 가능성이 높습니다. 울고, 소리를 지르고, 바닥에 눕고, 도망가고, '싫어'하고 거부하는 것 아니면 다른 행동을 떠올릴 수도 있습니다. 이것들은 모두 '분노발작을 줄이기 위한' 목표를 설명할 때 우리가 사용하는 관찰 가능하고 구체적인 행동들입니다. 독자 여러분들은 점차 이 행동의 변화하는 상황을 정확하게 표현할 수 있도록 행동을 객관적인 용어로 설명하는 방법을 배우게 됩니다. 바꾸고 싶은 행동에 대한 객관적인 설명을 작성한 후에 데이터 수집 방법을 배우게 되면 사용중인 중재가 도움이 되는지를 판단할 수 있게 됩니다. 데이터를 수집하고 결과를 평가하는 과정이야 말로 ABA를 매우 효과적으로 만드는 객관성이라 할 수 있습니다. 데이터에서 목표를 향한 진전이 보이지 않으면, 효과가 없음을 깨닫고 중재방법을 바꿀 수 있습니다.

행동을 설명하는 방법

바닥에
무릎을 대고
손을 머리에 올린 채
소리를 지르며 울어요.

속상해요.
화났어요.
기분이 안 좋아요.
자제력을 잃었어요.

개별화

ABA 특성 중 마지막 요소는 중재를 각 개인의 수준에 따라 변경할 수 있다는 것입니다. 이 책에서는 각 중재의 방법과 중재를 사용하는 상황을 예로 볼 수 있지만, 독자 여러분께서는 실제 학생의 수준에 맞게 중재를 사용하는 것이 좋습니다. 예를 들어, 요구하기 기술(106페이지)을 가르칠 때 사람에 따라 4단어로 말하거나("밖에 나가서 놀고 싶어요"), 1단어로 요청을 하거나("나가자."), 수화로 '밖'을 표현하거나, 그림 교환 의사소통 체계를 사용하여 '바깥' 사진을 상대방에게 건넬 수도 있습니다. 중재의 과정은 동일하게 진행하지만 학습자의 현재 수준에 맞게 목표 행동은 변경될 수 있습니다.

행동의 ABC (선행사건 - 행동 - 후속결과)

행동의 ABC는 행동이 일어나는 이유를 확인하는 방법입니다. ABA에서 '행동'이라는 용어는 사람이 할 수 있는 관찰 가능한 행동을 말합니다. 여기에는 문제행동 뿐만 아니라 적절한 행동도 포함됩니다.

자폐증 또는 기타 관련 장애가 있는 많은 사람들에게는 양육자가 줄이고 싶은 문제행동이 있을 수 있습니다. 행동 감소의 첫 번째 단계는 행동이 발생하는 이유를 이해하는 것입니다. 이를 위해서는 행동 전(선행사건)과 후(후속결과)에 일어나는 일에 주목해야 합니다. 이것은 행동이 발생하는 이유(기능)를 확인하는 데 도움이 되는 두 가지 단서이기 때문입니다.

A   B   C

Antecedent (선행사건)
행동의 직전에
나타난 사건

Behavior (행동)
관찰 가능한
움직임

Consequence (후속결과)
행동 직후에
일어난 일

가정의 ABC 사례
- **Antecedent**(선행사건) : 엄마가 신발을 신으라고 말함.
- **Behavior**(행동) : 아이가 소리를 지름.
- **Consequence**(후속결과) : 엄마가 신발을 신겨줌.

학교의 ABC 사례
- **Antecedent**(선행사건) : 교사가 질문을 함.
- **Behavior**(행동) : 학생이 손을 듦.
- **Consequence**(후속결과) : 교사가 그 학생을 부르며 관심을 줌.

ABC차트 기재하는 법

1. 목표로 삼을 행동을 하나 정하세요(예: 분노발작, 소리지르기, '싫어'와 같은 거절하기, 공격, 손 펄럭거리기 등).
2. 이 행동이 보일 때마다 아래 차트의 선행사건 칸에 행동 발생 직전에 일어난 일을 적으세요. 행동 칸에는 그 행동을 어떻게 했는지에 대한 설명을, 후속결과 칸에는 행동 직후에 어떤 일이 일어났는지를 적으세요. 선택사항: 그 당시에 일어난 일에 대한 추가적인 정보를 적으세요(예: 가게에서, 차에서, 잠자는 시간에, 약의 복용 여부 등).
3. 그 행동에 대해 최소 4번의 사례를 기록하세요(그 행동이 많이 발생하면, 하루만에 수집이 될 수도 있고 자주 일어나지 않는다면, 며칠이 걸릴 수도 있습니다).

ABC 차트

목표 행동: 텐트럼(소리지르기, 울기, 바닥에 눕기)

선행사건 행동 발생 직전에 일어난 일	행동 행동에 대한 묘사	후속결과 행동 직후에 일어난 일	기능
엄마가 아들에게 "아이패드 꺼"라고 말함.	"싫어, 싫어, 싫어" 소리지르고 2분간 울었다.	엄마가 아이패드를 빼앗아갔다.	
아들이 "만화 봐도 돼요?" 하고 묻자, 엄마가 "지금은 안돼."라고 했다.	바닥에 드러누워 "만화 보고 싶어!" 소리지르며 3분간 울었다.	엄마가 "소리 그만 질러"라고 말했다.	
아들이 가족들과 '수퍼윙스'를 보고 있었다.	"미키마우스 보고싶어!" 하며 소리지르고 바닥에 드러누웠다.	엄마가 미키마우스 채널로 돌려주었다.	
아들은 초코 씨리얼을 사달라고 했지만 엄마가 "안돼"라고 했다.	바닥에 드러누워 1분간 울었다.	엄마가 아들을 들어올려 쇼핑카트에 앉혔다.	

연습 1

목표 행동을 하나 정하세요. 관찰 가능하고 객관적인 단어를 사용하여 목표행동을 설명하십시오. 그 행동을 하는 4번의 사례에 대하여 아래 차트를 작성하십시오.

참고: 때로는 후속결과가 그 다음 행동의 선행사건이기도 합니다.
예 : (선행사건) 숙제하라고 함, (행동) 학생이 소리를 지름, (후속결과) 교사가 숙제 지시를 반복 //
(선행사건) 교사가 숙제 지시를 반복, (행동) 학생이 종이를 찢음, (후속결과) 교사가 종이를 테이프로 붙이고 다시 숙제를 하라고 지시

ABC 차트

목표 행동:

선행사건 행동 발생 직전에 일어난 일	행동 행동에 대한 묘사	후속결과 행동 직후에 일어난 일	기능

연습 2

목표 행동을 하나 정하세요. 관찰 가능하고 객관적인 단어를 사용하여 목표행동을 설명하십시오. 그 행동이 일어나는 4번의 사례에 대하여 아래 차트를 작성하십시오.

ABC 차트

목표 행동: _____

선행사건 행동 발생 직전에 일어난 일	행동 행동에 대한 묘사	후속결과 행동 직후에 일어난 일	기능

행동의 기능

행동의 기능은 누군가가 행동을 하는 이유를 말합니다. 어떤 행동을 바꾸기 위해서는 '이유'를 이해하는 것이 필수적입니다. 어떤 학생이 자주 자리에서 일어나 교실을 돌아다니며 수업을 방해하는 경우 해당 행동을 중재하는 방법을 결정하기 전에 그 행동이 발생하는 이유를 알아야합니다. 이 기본적인 이해가 성공적인 행동 중재를 이끌어 줄 것입니다. 행동 분석 분야에서는 행동이 발생하는 4가지 기능 또는 이유를 다음의 4가지로 파악합니다.

1. 관심 (다른 사람으로부터의)
2. 획득 (물건이나 활동)
3. 도피 (지시나 과제로부터의)
4. 자동적 강화 (스스로 좋아서 하는)

이는 어떤 행동이 발생할 때는, 그 사람은 관심을 받기 위해서, 혹은 물건을 가지거나 원하는 활동을 하기 위해서, 시킨 것을 하기 싫어서 또는 그냥 그게 좋아서 그 행동을 한다는 것입니다.

교실을 돌아다니는 학생에 대한 사례로 확인을 해보겠습니다. 교사나 친구들로부터 관심을 끌고 있나요? 그가 좋아하는 물건을 찾기 위해 교실을 돌아다니고 있나요? 주어진 과제를 하기 싫거나 미루려고 돌아다니나요? 아니면 그 행동 자체를 만족하며 즐기고 있나요?

ABC를 보면서 행동의 기능을 파악할 수 있습니다(30페이지). 31페이지의 ABC 양식을 사용하여 목표행동에 대한 최소 5번의 사례를 기록해보세요. 이 정보를 통해 패턴을 찾는다면 어떤 기능이 행동의 원인인지 파악할 수 있습니다.

다음 예에서는 하나의 행동이 이 네 가지 각기 다른 이유로 발생하는 경우와 원인을 찾는 방법을 살펴봅니다. 표시된 행동의 예는 머리를 치는 자해 행동(SIB)을 하는 학생입니다.

행동의 기능이 관심이라는 증거
- 다른 사람의 관심을 받다가 문제행동이 일어나기 직전에 관심이 끊어졌을 때.
- 문제행동 직후 다른 사람이 학생에게 관심을 보여주었을 때('아니, 그렇게 하지 마'와 같은 꾸짖음도 관심의 한 형태임을 기억하세요).

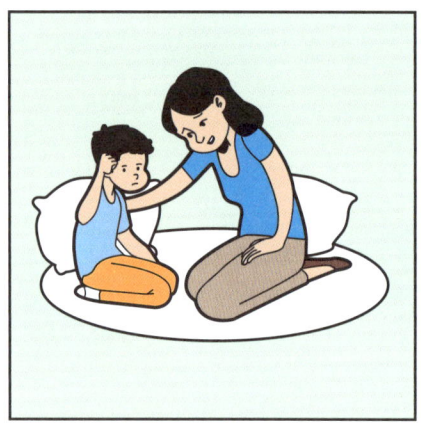

학생은 그 행동을 함으로써 관심을 얻고 있습니다.

여기서는 자해행동을 했을 때, 교사가 안정을 시키면서 관심을 주고 있습니다('아니, 그렇게 하지 마'와 같은 꾸짖음도 관심의 한 형태임을 기억하세요).

행동의 기능이 획득이라는 증거
문제행동이 발생하기 직전에 좋아하는 물건이나 활동을 못하게 했을 때.
- "싫어", "지금은 안돼", "기다려"와 같은 말을 들었을 때.
- 문제행동 직후에, 좋아하는 물건이나 활동을 주었을 때.

학생은 "싫어", "지금은 안돼", "기다려"와 같은 말을 듣자 문제행동을 합니다.

여기서, 학생은 자해하기 직전 휴대폰을 달라고 했으나 "안돼"라는 대답을 들었습니다.

행동의 기능이 도피라는 증거
- 문제행동이 발생하기 직전에, 숙제를 마치도록 하였을 때.
- 문제행동 발생 직후에, 숙제를 끝내지 않아도 되었을 때.

문제행동을 하자, 학생은 원하지 않는 과제를 하지 않아도 되었습니다.

자해행동을 하면 교사가 학생을 조용한 곳으로 데려가 안정을 시키므로 과제를 안해도 됩니다.

행동의 기능이 자동적 강화라는 증거
- 혼자 있고, 할 일이 없을 때 일어납니다.
- 모든 환경에서 어떤 활동을 하든지, 누구와 있든지 일어납니다.

학생은 그저 그게 좋아서 그 행동을 합니다.

행동의 기능이 자동적 강화일 때에는, 강화를 주는 교사가 없어도 일어납니다.

행동의 기능을 판단할 수 있으면 이 문제행동을 줄이는 학습 중재로 넘어갈 준비가 된 것입니다(39페이지).

기능을 파악하는 방법

다음으로 선행사건, 행동, 후속결과 열에서 기록한 정보를 토대로 네 가지 기능 중 어떤 것이 그 행동 발생의 가장 합당한 이유인지를 추측합니다. 기능을 파악하는 데 도움이 되도록 각 행에서 가장 중요한 단서에 동그라미 표시해보는 방법을 사용해보세요.

ABC 차트

목표 행동: 분노발작(소리지르기, 울기, 바닥에 드러눕기)

선행사건 행동 발생 직전에 일어난 일	행동 행동에 대한 묘사	후속결과 행동 직후에 일어난 일	기능
엄마가 아들에게 "아이패드 꺼"라고 말함.	"싫어, 싫어, 싫어" 소리지르고 2분간 울었다.	엄마가 아이패드를 빼앗아갔다.	획득 (아이패드)
아들이 "만화 봐도 돼요?" 하고 묻자, 엄마가 "지금은 안돼."라고 했다.	바닥에 드러누워 "만화 보고 싶어!" 소리지르며 3분간 울었다.	엄마가 "소리 그만 질러"라고 말했다.	획득 (만화보기)
아들이 가족들과 '수퍼윙스'를 보고 있었다.	"미키마우스 보고 싶어!" 하며 소리지르고 바닥에 드러누웠다.	엄마가 미키마우스 채널로 돌려주었다.	획득 (미키마우스 보기)
아들은 초코씨리얼을 사달라고 했지만 엄마가 "안돼"라고 했다.	바닥에 드러누워 1분간 울었다.	엄마가 초코씨리얼을 집어 쇼핑카트에 담았다.	획득 (초코씨리얼)

Function (기능): 획득

연습

목표 행동이 일어난 최소 네 번의 사례에 대해 아래 차트를 작성하십시오. 행동 전후에 무슨 일이 일어나고 있는지에 대한 단서를 찾으십시오. 이러한 단서를 사용하여 각 행동 발생에 대하여 기능을 파악해보세요. 맨 아래 줄에 가장 자주 발생하는 기능이 무엇인지 작성하십시오.

ABC 차트

목표 행동: _____

선행사건 행동 발생 직전에 일어난 일	행동 행동에 대한 묘사	후속결과 행동 직후에 일어난 일	기능

Function (기능): _____

대체 방안: ABC 체크리스트

ABC 체크리스트를 작성하는 방법: 특정 문제행동이 일어날 때마다 하나의 행에서 각 칸에 해당되는 곳에 체크를 합니다. 이를 통해 그 행동이 어떤 경향이 있는지, 왜 일어나는지를 확인할 수 있습니다.

ABC 차트

목표 행동: _____

선행사건 행동 발생 직전에 일어난 일	행동 행동에 대한 묘사	후속결과 행동 직후에 일어난 일	기능
☐ "안돼"라고 함 ☐ 어떤 것을 시킴 ☐ 다른사람에게 관심을 줌 ☐ 전환 ☐ 아무 이유없이 갑자기	☐ 울기 ☐ 때리기 ☐ 소리지르기 ☐ 물건던지기 ☐ _____	☐ 대체행동으로 재지시 ☐ 안된다고 말함 ☐ 원하는대로 들어줌 ☐ 무시 ☐ 말로 꾸짖음	☐ 관심 ☐ 획득 ☐ 도피 ☐ 자동적 강화
☐ "안돼"라고 함 ☐ 어떤 것을 시킴 ☐ 다른사람에게 관심을 줌 ☐ 전환 ☐ 아무 이유없이 갑자기	☐ 울기 ☐ 때리기 ☐ 소리지르기 ☐ 물건던지기 ☐ _____	☐ 대체행동으로 재지시 ☐ 안된다고 말함 ☐ 원하는대로 들어줌 ☐ 무시 ☐ 말로 꾸짖음	☐ 관심 ☐ 획득 ☐ 도피 ☐ 자동적 강화
☐ "안돼"라고 함 ☐ 어떤 것을 시킴 ☐ 다른사람에게 관심을 줌 ☐ 전환 ☐ 아무 이유없이 갑자기	☐ 울기 ☐ 때리기 ☐ 소리지르기 ☐ 물건던지기 ☐ _____	☐ 대체행동으로 재지시 ☐ 안된다고 말함 ☐ 원하는대로 들어줌 ☐ 무시 ☐ 말로 꾸짖음	☐ 관심 ☐ 획득 ☐ 도피 ☐ 자동적 강화

Function (기능): _____

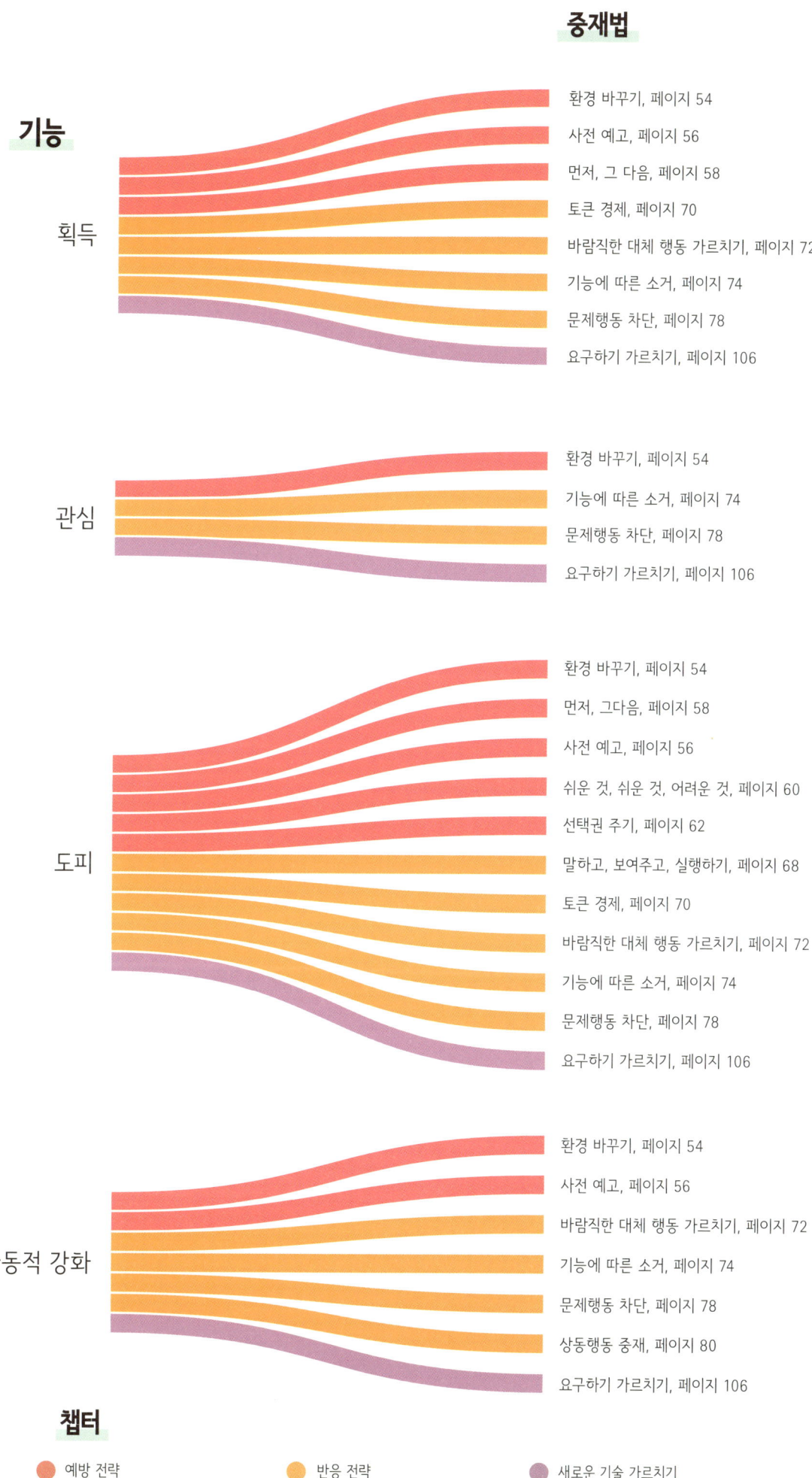

강화 / 벌

행동 분석에서 강화와 벌은 우리의 모든 행동에 영향을 미치는 기본 요소입니다. 이것은 B.F. Skinner의 행동에 기반한 연구에서 비롯되었는데, 행동 후의 결과를 변화시킴으로써 행동을 가르치거나 바꿀 수 있다는 것입니다.

강화는 행동이 미래에 발생할 가능성을 더 높이는 것이고 벌은 행동이 미래에 일어날 가능성을 줄이는 것입니다. 어떤 사람의 행동에 대한 우리의 반응이 그 행동을 강화(증가)시키는지 혹은 벌(감소)로 작용하는지를 이해하는 것이 중요합니다.

예문 1
한 학생이 수학 시간에 떠듭니다. 교사는 학생을 복도로 내보냅니다. 학생은 수학공부를 하는 것이 싫어서 복도에 있는 것을 좋아했습니다. 앞으로 그 학생은 수학시간에 또 떠들게 될 것입니다(행동은 증가하고, 교사의 대처는 강화로 작용했습니다).

예문 2
한 학생이 수학 시간에 떠듭니다. 교사는 학생을 복도로 내보냅니다. 학생은 친구들 앞에서 교실밖으로 나가는 것이 부끄러웠습니다. 앞으로 그 학생은 수학시간에 떠들지 않을 것입니다(행동은 감소하고, 교사의 대처는 벌로써 작용했습니다).

상대의 반응이 행동을 증가 또는 감소시킨다는 것을 이해함으로써, 우리는 그 행동을 변화시키기 위한 대응을 할 수 있습니다. 칭찬을 하는 것이 그 행동을 강화한다는 것을 알게 되면, 그가 일을 완료한 후에 칭찬을 해서 그가 앞으로 그 일을 다시 하는 것을 기대할 수 있습니다. 또는 전자기기를 압수하는 것이 어떤 사람에게 벌을 준다는 것을 알고 있다면, 그가 문제행동을 한 후에 전자 제품을 압수함으로써, 그가 앞으로 문제행동을 할 가능성이 줄어들 것을 기대할 수 있습니다.

강화와 벌은 모두 행동 변화에 영향을 주지만 ABA에서는 강화에 중점을 두고 강화가 성공이지 않을 때에만 벌을 사용합니다. 가장 중요한 점은 벌을 사용하면 부작용이 있고, 벌은 단지 행동빈도를 줄이기만 한다는 것입니다. 벌은 상대가 문제행동 대신에 어떻게 행동해야 하는지를 가르쳐주지 않습니다. 그래서 ABA에서 우리는 바람직한 행동을 강화하는 것에 우선 순위를 두고, 그렇지 못한 행동은 강화를 주지 않는 소거(74, 76페이지)를 사용합니다.

강화의 종류

강화가 어떻게 작용하는지 더 자세히 살펴보기 위해 먼저 정적강화와 부적강화의 두 가지 유형을 이해해야 합니다.

정적 강화
정적 강화는 단순하게 무언가가 더해짐으로써 미래에 행동이 발생할 가능성을 더 높이는 것을 말합니다.

정적 강화의 흔한 예
- 칭찬하기
- 하이파이브, 간지럼 태우기, 미소짓기
- 돈
- 장난감이나 전자기기
- 좋아하는 음식

예 : 배우자가 퇴근하기 전에 설거지를 합니다. 배우자가 깨끗한 접시를 보고 입맞춤을 하며 '고마워' 라고 말합니다. 앞으로는 배우자 보다 먼저 집에 와서 설거지를 할 가능성이 더 커집니다(배우자가 입맞춤과 칭찬을 한 것은 정적 강화입니다).

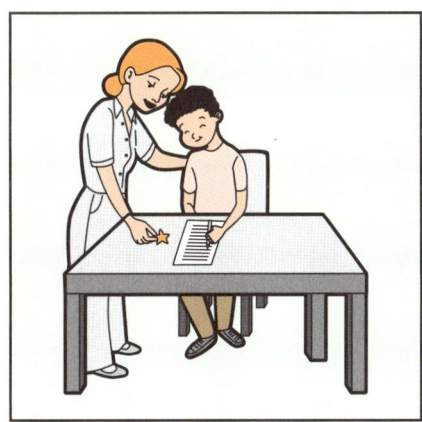

어떤 행동을 했을 때 좋아하는 것
(예: 칭찬, 스티커, 간지럼, 좋아하는 장난감, 음식 등)을 제공하면 그 행동이 앞으로 발생할 가능성이 더 높아집니다.

부적 강화

부적 강화는 어떤 것을 제거함으로써 향후 행동이 발생할 가능성이 더 높아지는 것을 의미합니다.

부적 강화의 흔한 예
- 불쾌한 소음을 끔
- 고통이 사라짐
- 괴로운 상황에서 벗어남
- 싫어하는 과제를 덜어줌

예 : 두통이 있어서 진통제를 복용합니다. 얼마 지나지 않아 머리의 통증이 사라졌습니다. 앞으로 두통이 생기면 다시 진통제를 복용할 가능성이 높아집니다(약을 먹어 통증이 사라졌으므로 이것은 부적 강화입니다).

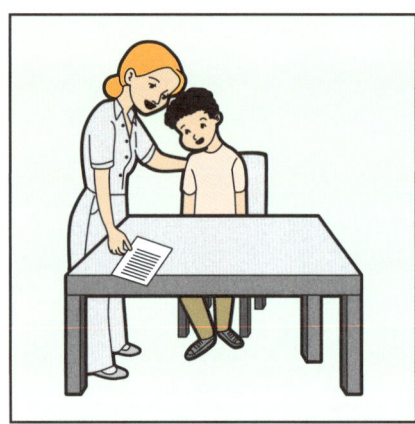

어떤 행동을 했을 때 싫어하는 것(예: 일이나 과제, 싫어하는 음식, 통증, 괴로운 상황 등)을 없애 주면 해당 행동이 미래에 발생할 가능성이 더 높아집니다.

두 경우 모두가 강화이므로 어떤 것이 제거되거나 추가되었는지 여부에 관계없이 행동이 미래에 일어날 가능성은 더 증가합니다.

부정 강화와 벌의 차이는 무엇인가요?

'강화'가 되기 위해서는 그 행동이 미래에 더 많이 발생해야 합니다. 여기서 '부적'은 일반적으로 쓰이는 '부정적인' 의미가 아니라 무언가 제거 되었음을 말합니다. 따라서 부적 강화는 행동에 따라 무언가가 제거되어 향후 해당 행동이 발생할 가능성이 더 높다는 것을 의미합니다. 반면에 벌은 미래에 행동이 발생할 가능성을 줄이는 것입니다.

강화 사용의 팁

강화는 우리가 행동하는 방식을 결정하기 때문에 모든 ABA 중재의 핵심이 됩니다. 강화를 더 효과적으로 하는 다음의 몇 가지 규칙을 따르면 원하는 변화를 더 빠르고 지속적으로 유지할 수 있습니다.

강화제는 사람마다 다르며 그 사람이 선호하는 것이어야 합니다.
어떤 강화제를 사용할지 결정하기 위해 평소 학생의 관심과 동기를 관찰하십시오. 학생이 좋아할 만한 다양한 물건들과 활동을 준비합니다. 학생이 관심을 보이는 것들과 선택하는 순서를 확인하세요. 학생이 가장 먼저 선택한 항목은 그것을 가장 하고 싶은 즉, 강화효과가 높은 것이라고 예측할 수 있습니다.

교실 주변에 몇 가지 좋아하는 것들을 놓고 자연스럽게 학생이 관심을 가지는 것이 무엇인지 확인합니다. 이것은 그 순간에 무엇이 강화제인지를 확인하는 빠르고 쉬운 방법입니다.

강화제는 즉시 제공되어야 합니다.
학생이 자신이 잘했다는 것을 배우기 위해서 강화는 즉시 제공되어야 합니다. 강화를 지연시키면 행동이 증가할 가능성이 낮아집니다. 예를 들어, 학생이 적절하게 플레이도우를 요구했지만 15분 후에 플레이도우를 주었다면 그 학생은 자신이 적절하게 요구해서 플레이도우를 받았다고 생각할 가능성이 낮습니다.

먼저, 학생이 가장 강화받는 것이 무엇인지 (칭찬, 공부를 마치고 쉬는 시간, 물건이나 활동하는 놀이하기, 물질적인 보상 등) 확인하십시오.

학생이 어려운 과제를 수행하기 시작하면 칭찬해주십시오. 과제를 완료하는 즉시 학생이 가장 좋아하는 것을 제공합니다.

강화제의 양은 행동에 걸맞은 것이어야 합니다.

얼마나 많은 보상을 줄지를 결정할 때 과제의 난이도를 생각해야 합니다. 강화제의 크기는 노력에 비례해야 합니다. 예를 들어, 학생이 신발을 신는 동안 많은 도움을 받았다면, 마지막에 약간의 칭찬만 해야 합니다(예: '끈 잘 묶었네'). 하지만 학생이 스스로 신발 끈을 묶었다면 더 큰 칭찬과 추가로 강화제(예: 장난감, 좋아하는 간식 등)를 제공해야 합니다. 즉, 아주 큰 칭찬과 강화제는 더 어려운 과제를 위해 아껴 두어야 합니다.

학생이 더 많은 노력을 했다면 더 많은 강화를 받아야 합니다. 그림에서는 교사가 학생의 신발 끈 매는것을 많이 도와준 경우이므로, 약간의 칭찬만 했습니다.

처음으로 신발 끈을 묶는 새로운 단계를 수행한 경우, 교사는 훨씬 더 많은 칭찬을 해야 합니다(예: 하이파이브, 환호 등).

강화제에 선택권을 주세요.

어려운 과제를 하기 전에 학생에게 무엇을 받고 싶은지 물어보십시오. 일반적으로 두 세 가지의 사물이나 활동 중에서 선택할 수 있도록 제시하는 것이 좋습니다. 학생이 과제를 완수하면 즉시 선택한 것을 제공하세요.

과제지시를 하기 전 얻을 수 있는 물건이나 활동 2~3개를 보여주세요. 학생이 선택한 특정 물건이나 활동을 강화제로 사용하면, 과제를 마치고자 하는 동기를 이끌어 낼 수 있습니다.
*선택권을 줄 때 좀 더 자세한 안내는 62페이지에 나와있습니다.

강화제에 대한 접근을 제한하세요.

강화제로서의 효과를 유지할 수 있도록 좋아하는 물건을 치워 둡니다. 학생들이 좋아하는 장난감, 활동 및 음식이 평소에도 쉽게 얻을 수 있는 것들이라면 그것들을 얻기 위해 과제를 하려는 동기가 줄어들 것입니다. 좋아하는 물건을 안보이게 치워 놓거나 전자기기로 노는 시간에 제한을 두어야 합니다. 또한 학생이 다양한 물건과 활동에 흥미를 느끼고 그것을 얻기 위해 과제를 해야 할 동기를 유발할 수 있도록 강화제를 다양하게 사용하세요.

좋아하는 물건을 상자나 손이 닿지 않는 선반에 올려 놓으십시오. 강화제의 효과를 높이기 위해 그 물건을 쉽게 얻을 수 없게 하세요.

좋아하는 장난감으로 놀 기회가 적은 학생은 하루 종일 그 장난감으로 놀 수 있는 학생에 비해 그것을 얻기 위한 더 큰 동기를 갖게 됩니다.

기술을 익혔을 때는 강화를 줄이세요.

학생이 새로운 기술을 배울 때는 매 시도마다 강화를 주어야 합니다. 학생이 스스로 할 수 있는 부분이 늘어나거나 기술이 향상되도록 발전될 때마다 계속해서 강화합니다. 학생이 기술을 완전히 스스로 할 수 있게 되면, 여러분이 주는 강화의 양을 줄이기 시작해야 합니다. 예를 들어, 학생이 자신의 셔츠를 입는 것을 배우기 시작했다면, 처음에는 학생을 도와주면서 칭찬을 해도 됩니다. 그러나 학생이 혼자서 셔츠를 입을 수 있게 된 지 며칠이 지나면 이때는 매번 계속해서 칭찬할 필요가 없습니다.

새로운 기술을 배울 때에는 독립수행하려는 매 시도와 매 단계마다 칭찬과 강화를 줍니다. 스스로 할 수 있게 되면, 칭찬과 강화의 양을 줄이기 시작합니다. 큰 환호에서 '잘하네'와 같은 가벼운 칭찬, 엄지 척 또는 하이파이브와 같은 간단한 동작으로 줄여갑니다. 완전히 숙달한 후에는 몇 번마다 무작위로 칭찬하십시오.

노트

예방 전략

소개

예방 전략은 문제행동이 발생하지 않도록 예방하기 위해 사용하는 방법입니다. 문제행동이 나오기 전에 이러한 행동이 발생할 가능성을 줄이기 위해 사용됩니다. 대부분은 일상생활에서 예방 전략을 사용하여 좌절, 혼란, 업무 과부하로 이어지는 것을 방지할 수 있습니다. 우리는 정해진 일과를 따르거나 생활을 단순화하는 방법을 적극적으로 사용합니다(예: 할 일 목록, 일일/주간 계획표 사용, 근무일 중 휴가내기 등). 자폐증 및 기타 발달 장애가 있는 사람에게는 좌절감을 주는 상황을 미연에 방지하고 그런 상황에 잘 대비하는 방법을 배우는 데 도움이 될 수 있습니다.

다음 챕터의 예방 전략은 사회적 기술, 의사 소통 기술, 문제행동 예방, 놀이기술, 학교생활 기술, 학습기술, 운동 기능 및 적응 기술을 향상시키는 데 효과적입니다.

목표
- 학생에게 요구되는 바를 명확히 한다.
- 긍정적 행동을 촉진한다.
- 문제행동을 예방한다.
- 자조기술을 스스로 하도록 한다.

고려해야 할 사항
- 학생이 가장 잘 따르는 지시 유형은 무엇입니까? (예: 1단계 지시, 2단계 지시, 시각적 지시 등)
- 학생이 언어적 촉구나 시각적 도움이 있을 때 더 잘합니까?
- 학생이 사전 안내(예고)를 할 경우 지시에 더 잘 따릅니까?
- 학생에게 선택권을 주면 두 가지 중에 선택을 할 수 있습니까?
- 학생이 사회적 칭찬과 관심을 좋아합니까?
- 학생이 더 집중하거나 보상을 받기 위해 취하는 행동은 어떤 것입니까?
- 문제행동을 줄이기 위해 물리적 환경을 변경할 수 있습니까? (환경 바꾸기)
- 학생의 관심사를 이용하여 동기를 높일 수 있습니까? (먼저, 그 다음)
- 지시의 내용이, 다음 질문에 모두 대답할 수 있는 것입니까?

- ☐ 무엇을 해야 되는지
- ☐ 얼마나 해야 되는지
- ☐ 언제 끝나는지
- ☐ 그 다음은 뭘 해야 하는지

예방하고 싶은 각 문제행동에 대해 행동의 기능을 결정하십시오(33페이지). 행동의 일반적인 '유발 요인'은 무엇입니까? 어떤 유발 요인은 예방할 수 없을 수도 있지만 그 영향은 줄일 수 있을 것입니다. 기능에 따른 예방 전략을 사용하여 문제행동이 발생할 가능성을 줄일 수 있습니다.

어떻게 사용할까요?
- 행동의 기능을 파악하고
- (기능에 따라) 어떤 중재를 사용할지를 결정하고
- 어떤 상황에 어떤 중재를 적용해야 하는지 확인하고
- 중재를 일관되게 적용하고
- 가능한 자주 학생에게 보상을 제공해줍니다.

기능에 따른 예방 전략

목표 행동의 기능을 확인한 후에는 아래 나열된 중재 중에서 적용할 중재를 고르세요. 한 번에 한 가지 이상의 중재를 사용해도 되지만, 사용할 때마다 일관성을 유지해야합니다. 한번 중재를 시도해서 문제행동이 바로 발생하지 않을 수도 있고 그렇지 않을 수도 있지만 반복적으로 시도하면 학생의 행동에 변화가 생길 가능성이 더 높습니다.

관심 기능을 위한 시각적 중재
- 교실에서 학생의 좌석을 교사에게 더 가깝게 이동시키거나 다른 학생들로부터 외면 받지 않도록 하십시오(환경 바꾸기, 54페이지).

관심 기능을 위한 추가적인 팁
- 도움을 요청하거나 다른 사람과의 상호 작용을 시작하는 적절한 방법을 가르칩니다.
- 학생이 문제행동을 하고 있지 않을 때 더 자주 관심을 보여줍니다(잘하고 있을 때 기회를 잡으세요).

도피 기능을 위한 시각적 중재
- 과제에 대해서 선택권을 주세요(선택권 주기, 62페이지).
- 예상되는 일들에 대한 시각적 자료를 사용하세요(예: "시각적 일과표", "먼저, 그 다음" 자료, 140, 145페이지).
- 쉬운 과제로 시작하여 점점 어려운 과제에 도전합니다(쉬운 것, 쉬운 것, 어려운 것, 60페이지).
- 다음에 할 일 및 예상되는 일들을 알려주세요(사전 예고, 56페이지).

도피 기능을 위한 추가적인 팁
- 명확하고 간단한 지시를 하세요.
- 학생이 문제행동을 하지 않으면 자주 휴식을 취하게 해주세요(잘하고 있을 때 기회를 잡으세요).
- 과제에 걸리는 시간이나 난이도를 조절하세요.
- 일과표와 알람 시계를 사용하세요.
- 휴식을 요청하거나 과제에 필요한 시간을 더 요청할 때, 적절한 방법을 알려주세요.

획득 기능을 위한 시각적 중재
- 현재 하는 놀이나 활동을 마치고 곧 전환해야 함을 미리 알려주세요(사전 예고, 56페이지).
- 학생이 언제 좋아하는 물건이나 활동을 할 수 있는지를 시각적 자료를 통하여 보여주세요(예: '시각적 일과표', '먼저, 그 다음' 자료, 140, 145페이지).

획득 기능을 위한 추가적인 팁
학생이 문제행동을 하지 않을 때 좋아하는 물건을 얻을 수 있게 합니다(잘하고 있을 때 기회를 잡으세요).
- 일과표와 알람 시계를 사용하세요.
- 도와줄 사람을 부르거나, 원하는 물건이나 활동을 요구하는 적절한 방법을 알려주세요.

자동적 강화 기능을 위한 시각적 중재
- 동일한 감각적 요구를 만족시킬 수 있는 대체행동을 가르치고, 쉽게 대체행동을 할 수 있게 해주세요(예: 학생이 교실 안을 걸어 다니는 대신 발차기나 발로 리듬을 탈 수 있도록 의자 다리에 운동 밴드를 매어줍니다) (환경 바꾸기. 54페이지).

자동적 강화 기능을 위한 추가적인 팁
- 감각을 느낄 수 있는 적절한 물건이나 활동을 스스로 찾고 사용할 수 있도록 가르칩니다.

환경 바꾸기

학생을 위한 성공적인 환경 바꾸기

목표
문제가 발생하지 않도록 미리 계획하십시오.

방법
문제행동을 유발할 가능성이 있는 요소를 파악합니다. 이러한 요소를 줄일 수 있는지 검토합니다. 유발 요인을 줄이는 환경을 만들면 학생의 순응도는 높아집니다.

조건
학생이 대개 문제행동을 일으키는 상황을 파악하여 그 환경을 바꾸어 학생이 목표행동을 할 가능성을 높입니다.

예
- 학생의 자리 바꾸기 : 주의 분산을 최소화
- 숙제하기 전 문제행동을 할 만한 물건들 치우기
- 공격행동을 막기 위해 친구와 학생 사이에 교사가 앉기

팁
올바른 행동을 하도록 환경을 바꿀 수 있습니다.

- 학생의 손이 닿기 쉬운 곳에 적절한 감각놀이 배치하기 (추천 제품 참조, 150페이지)
- 어려운 과제를 할 때는 학생 근처에 의사소통 카드를 놓아 도움을 요청할 수 있도록하기 (144페이지)

학교에서

환경 바꾸기

깨끗하게 정돈된 책상에서는 학생이 공부에 집중할 확률이 높습니다.

변화 없음

공부와 상관없는 물건들이 책상 위에 놓여져 있으면, 학생의 주의는 자주 산만해집니다.

지역사회에서

원인 파악

문제행동을 유발할 수 있는 일 또는 상황을 파악합니다. 이 학생에게는 친구가 학생의 장난감 쪽으로 다가오는 것이 공격행동을 유발할 수 있습니다.

환경 바꾸기

의도적으로 환경을 변경함으로써 교사는 문제행동을 사전에 계획적으로 예방할 수 있습니다. 여기에서 교사는 학생과 가까이 앉아 친구와 적절한 놀이를 하게 할 수 있습니다.

변화 없음

그대로 둔다면 문제행동이 발생할 수 있습니다. 교사가 멀리 떨어져 앉아 있으면, 학생은 친구가 가까이 왔을 때 공격행동을 할 수 있습니다.

사전 예고

지시에 따를 확률을 높이기 위해 학생에게 미리 알려주세요.

목표
예정된 활동이나 일과를 사전에 예고하면 학생이 지시에 따를 확률을 높일 수 있습니다.

방법
학생에게 어려워 할 만한 상황이 발생하기 전에 교사는 학생에게 예정된 내용을 알려줍니다.

남은 시간을 알려주거나("취침까지 5분 남았어"), 새로운 일을 앞두고 예상되는 일을 말로 상기시켜 줍니다("우리는 내일 생일 파티에 갈 거야. 케이트가 선물 열어볼 때는 앉아서 구경하자"). 학생에게 재료와 만드는 과정을 미리 보여준 후, 그 새로운 과제를 완료하도록 요청하는 것과 같이 교실에서도 사전 예고 중재법을 사용할 수 있습니다.

조건
학생이 종종 어려워하는 상황에 앞서서 사전 예고를 해보세요.

- 전환할 때
- 스케줄에 변경이 있을 때
- 새로운 상황에서
- 과제를 시작할 때

팁
시각적 일과표를 사용하여(140페이지 참조) 그날 일어날 일에 대해 학생에게 미리 알려주세요.

예고하지 않으면 성공하기 힘듭니다.

힘든 일(전자오락 끄기)을 갑자기 시키면 학생은 지시를 따르기 힘들어합니다.

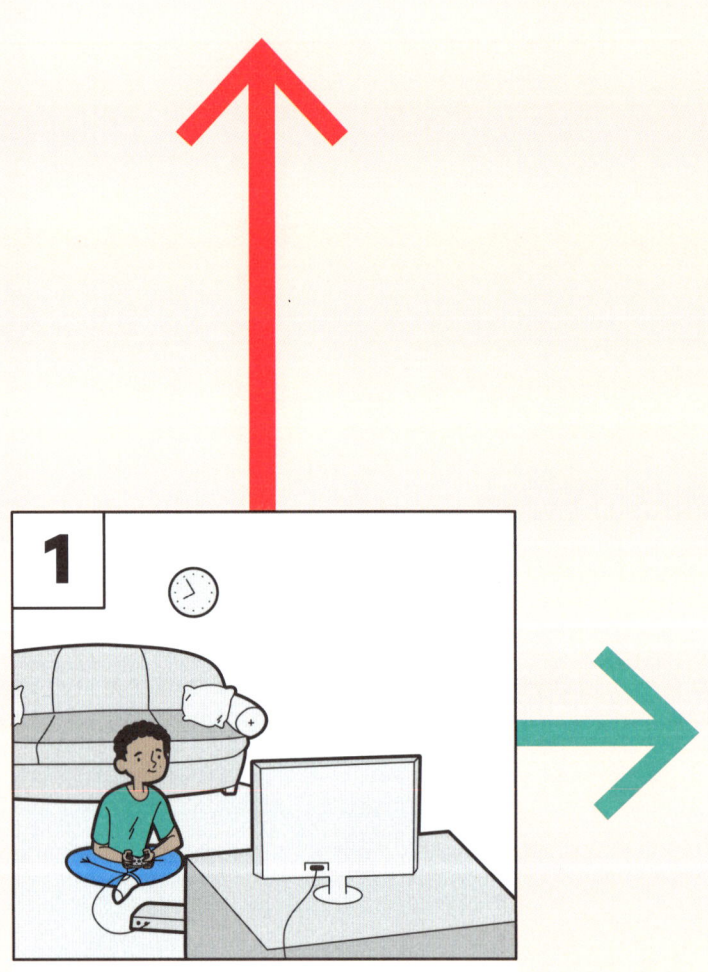

다가오는 일정

교사는 그 다음 일과를 학생이 거부할 수도 있다는 것을 알고 있습니다.

**예고 후에는
지시에 따를 확률이 높아집니다.**

예고를 하게 되면, 학생이 어떤 일이 있을지에 대해 준비를 하게 되므로 스트레스가 높은 일이 있어도 잘 따르게 됩니다.

직전에 예고하기

어려운 상황이 발생하기 직전에 예상되는 일을 한 번 더 상기시켜 주세요.

미리 예고하기

이동하기 5분 전에 혹은 새로운 일과가 있기 하루 전, 학생에게 미리 알려주세요.

전문용어 : 프리맥원리

먼저, 그 다음

수행률을 높이기 위해서
간단한 지시법을 사용하세요.

목표
동기가 있으면, 지시에 따를 확률이 높아집니다.

방법
학생에게 동기를 부여할 수 있는 보상을 찾으세요(전자기기의 사용, 좋아하는 과자, 간지럼 등). 다음과 같은 형태로 말해보세요 "먼저 ~하면, 그 다음에(보상) 줄게." 학생이 목표과제를 완료했을 때만 보상을 주세요.

조건
이 쉬운 문구는 다양한 설정에서 하루 종일 사용할 수 있습니다. 어떤 요구를 하기 전에, "먼저, 그 다음" 구절을 사용하는 말로 바꾸어 보세요.

팁
구체적이고 간단한 언어를 사용하세요. 예를 들어 "열심히 노력하세요"와 같은 단어를 사용하는 대신 구체적인 목표를 전달하세요(예: "문제 5개 풀기", "책상에 조용히 앉아", "10분 동안 책 읽기").

보상을 설명할 때도 이 팁을 사용하세요.
(예: "화이트보드로 5분 동안 놀이하기", "책 읽기 시간에 빈백 의자에 앉아있기")

학생들에게 보상을 받기 위해 무엇을 해야 하는지 상기시키기 위해 시각적으로 볼 수 있는 "먼저, 그 다음" 자료를 사용해보십시오("교구들", 145페이지 참조).

"먼저, 그 다음"과 같은 방식으로 말해보세요.

목표 과제를 하면 학생이 받을 수 있는 보상을 알려주세요. 학생에게 동기를 부여할 수 있는 보상을 직접 고르게 합니다.

지시에 따르게 하세요.

학생이 수행할 때까지 "먼저, 그 다음" 문구를 사용하여 지시를 따르게 하세요. 숙제를 시작하면 칭찬하는 것을 잊지 마세요.

강화하기

숙제를 다하면 즉시, 약속했던 보상을 해주세요.

전문용어 : 고확률 요구 연쇄

쉬운 것, 쉬운 것, 어려운 것

수행률을 높이는 지시 패턴을 사용하세요.

수행 실패

처음부터 어려운 과제를 주면 학생은 압도당하여 지시를 따르지 않으려고 합니다.

목표

학생이 어려운 일을 하도록 합니다(예: "장난감 주워", "학교 버스타자", "수학문제 10개 풀어").

방법

학생이 쉽게 할 수 있는 두 가지를 연속으로 시켜 동기를 높이고 지시에 잘 따르게 된 순간, 어려운 과제를 주면 학생은 이미 지시를 따르는 패턴에 익숙해져 수행을 할 확률이 높아집니다.

조건

이 중재는 다양한 설정과 다양한 작업에 사용할 수 있습니다. 숙제를 시작하거나, 전자기기를 끄거나, 집안일을 하거나, 전환하기와 같이 어려운 요구를 하기 전에 사용해보세요.

팁

쉬운 과제를 줄 때는 목표행동과 연관되는 것을 선정합니다.

예를 들어, 숙제를 시작하는 것이 목표인 경우, 먼저 "가방 가져와"(쉬운 과제), "책상에 앉아"(쉬운 과제)라고 말합니다. 목표 과제를 지시할 차례가 되면 학생은 이미 숙제를 하고 있을지도 모릅니다.

첫 번째 쉬운 과제

학생이 쉽게 할 수 있는 간단한 것부터 시작합니다.

선택권 주기

과제 수행률을 높일 수 있습니다.

목표
선택권을 제공함으로써 학생이 더 협조적이게 되며, 하고 싶은 동기를 일으켜 과제를 하게 만듭니다.

방법
가능하면 서로 연관된 과제들을 제시하여 선택을 하게 하고, 받게 될 보상도 선택할 수 있게 해주세요. 학생이 스스로 상황을 결정하고 있음을 느끼면서 참여하려는 동기가 높아집니다.

조건
관련 있는 과제들의 종류에는 다음과 같은 것들이 있습니다.

- 과제의 순서 (예: 읽기나 쓰기 숙제)
- 어떤 도구로 할지 (예: 크레파스나 마커)
- 누구와 함께 할지 (예: 엄마 혹은 아빠)
- 어디에 앉을지 (예: 학생의 자리 혹은 간이 테이블)

팁
보상에 대한 선택권을 줄 때 이렇게 물어보세요("과제 후에 이거 할까 아니면 저거 할까?").

시각적인 것에 민감한 학생의 경우에는 선택할 수 있는 보상의 종류를 볼 수 있게 제공해줍니다("교구들", 136페이지 참조).

과제를 선택하기

선택권 주기

교사는 관련된 과제들을 제공하여 먼저 할 것을 선택하게 합니다. 또한 교사는 어떤 칫솔을 사용할지 선택권을 줄 수도 있습니다.

보상 선택하기

선택권 주기

어떤 요청(수학시험)을 하기 전에, 교사는 학생이 받을 수 있는 보상을 선택하게 함으로써 학생은 자신에게 더 큰 동기부여가 되는 항목을 고릅니다.

학생이 선택하기
학생이 자신의 선택을 할 수 있을 때, 더 큰 동기가 생기는 과제를 선택하게 됩니다.

성공
학생이 선택한 순서대로 과제를 완료하는 데 성공했습니다.

학생이 선택한 보상
학생이 더 받고 싶은 보상을 선택합니다. 실제 보상이나 보상의 사진을 가까이에 두면 학생이 과제를 마치는데 도움이 됩니다.

성공
학생이 과제를 성공적으로 완료하고 선택한 보상을 받았습니다.

반응 전략

소개

문제행동의 발생을 예방하기 위해서는 예방 전략이 사용되는 경우가 많은 반면에, 행동이 이미 발생한 경우에는 반응 전략이 사용됩니다. 이를 행동에 대한 후속결과(또는 반응)라고 합니다.

많은 사람들이 '결과'라는 단어를 나쁜 것과 연관시키지만 ABA에서 '결과'는 행동 후에 일어나는 모든 것을 의미합니다. 결과는 강화(학생이 미래에 다시 행동을 할 가능성이 더 높음을 의미) 또는 벌(학생이 미래에 행동을 다시 할 가능성이 적어짐을 의미)이 될 수 있습니다. <u>우리가 행동의 결과를 여러번 제공할 수록 그 행동이 증가할지 감소할지에 영향을 미치게 되므로 어떻게 반응할지를 선택해야 합니다.</u>

후속결과

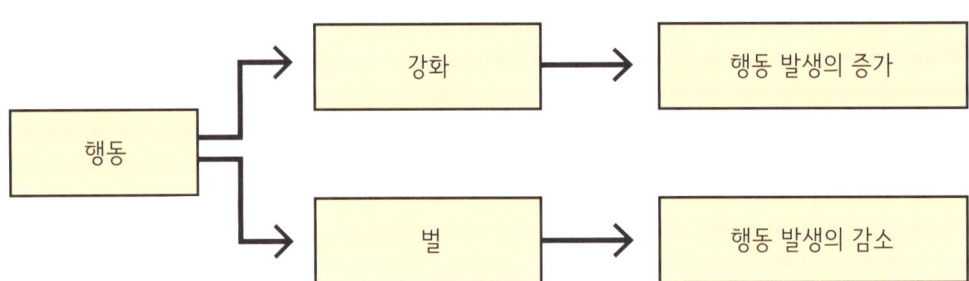

반응 전략은 문제행동에 대한 강화를 최소화하고 바람직한 행동에 대한 강화를 극대화하는 것을 목표로 합니다. 벌은 효과적인 반응 전략이지만, 연구에 따르면 바람직한 행동을 강화하는 것에 초점을 두었을 때, 학생들이 적절한 행동을 하는 방법을 배울 수 있었습니다.

목표
- 바람직한 행동의 증가
- 문제행동의 감소

고려해야 할 사항
- 학생이 칭찬이나 관심을 받는 것을 좋아하나요?
- 성인이나 또래에게 관심을 받는 것을 좋아하나요?
- 어떤 물건 또는 활동이 학생을 가장 강화하나요?
- 과제를 도피하려는 문제행동을 하나요?
- 얼마나 자주 강화가 필요한가요?
- 보상이 지연되더라도 학생이 과제를 할 수 있나요?
- 학생이 목표를 향해 스스로 발전하려는 노력을 하나요?
- 무엇이 바람직한 대체행동인가요?

어떻게 사용해야 할까요?
- 특정 행동을 증가시킬 것인지 감소시킬 것인지를 결정하세요.
- 중재 방법을 선택하세요.
- 학생의 기술 수준과 목표 행동에 맞게 중재 프로그램을 계획하세요.

바람직한 행동을 증가시키는 중재
- 행동 계약
- 토큰 경제
- 바람직한 대체행동 가르치기

문제행동을 감소시키는 중재
- 소거
- 공격행동 차단하기
- 상동행동 중재하기

전문용어 : 3단계 지시법

말하고, 보여주고, 실행하기

수행률을 높이기 위한 3가지 단계

목표
선호하지 않는 과제의 수행률을 높이거나 교사가 여러 번 지시하는 횟수를 줄이기

방법
지시를 따르도록 3단계 지시법(말하기, 보여주기, 실행하기)을 계속적으로 사용합니다. 학생이 수행했을 경우에 강화합니다.

팁
그림으로 된 중재 방법을 어려운 목표과제를 해야 하는 곳에 붙여 놓으면 단계를 완료하는 방법을 스스로 상기시킬 수 있습니다(예: 어려운 과제가 '옷 입기'인 경우, 침실 벽에 붙여 놓기).

조건
이것은 다양한 어려운 지시에 대한 효과적인 중재입니다. 학생이 지시를 따르지 않을 때 이 3단계 지시법을 사용하십시오.

당신이 지시를 했지만 그냥 내버려두면, 학생은 그 지시를 무시해도 괜찮다는 것을 배우게 됩니다. 항상 지시를 따르게 할 준비를 하십시오!

팁
지시를 할 때 학생에게 과제를 마치라고 부탁하는 대신 지시형태의 문장을 사용하세요.

예
"신발 좀 벗어줄래?"하고 말하지 마세요. 학생이 "아니"라고 대답할 수 있습니다. 대신 "신발 벗어."라고 말하세요.

말하기

과제에 대한 언어적 지시를 하고 학생이 시작할 때까지 5초간 기다립니다.

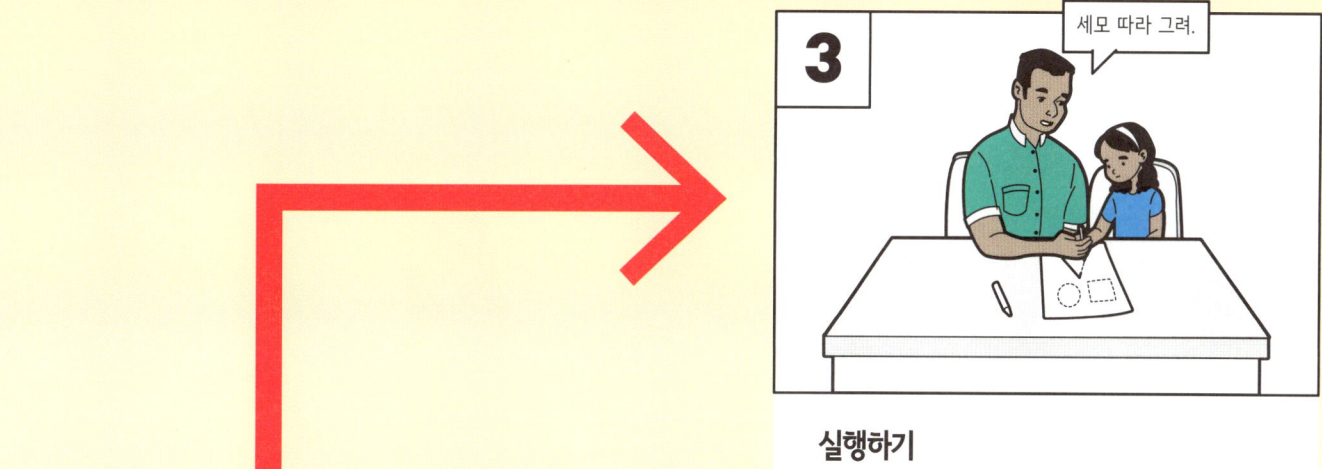

실행하기

학생이 과제를 완료하도록 신체적으로 알려주고 가능하면 도움을 주지 않습니다. 강화를 제공하지 말고 대신 다음 작업 지침으로 넘어갑니다.

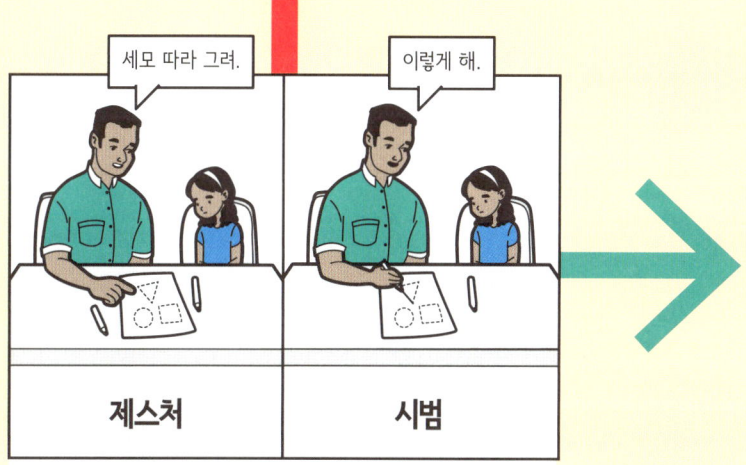

보여주기

과제를 향한 제스처(가리키기) 또는 시범(학생에게 어떻게 하는지 보여주기)과 함께 다시 지시를 내립니다.
응답을 위해 5초간 기다립니다.

강화

학생이 과제를 시작하자 마자 칭찬하십시오.
과제를 완료하면 더 큰 보상을 주세요.
(예: 큰 칭찬, 좋아하는 장난감, 휴식)

강화

학생이 과제를 시작하자마자 칭찬하십시오.
과제를 완료하면 더 큰 보상을 주세요.

토큰 경제

명확한 목표와 명확한 보상 만들기.

목표

토큰 경제는 학생들이 목표 달성을 향한 진행 상황을 볼 수 있게 하고 보상이 지연되더라도 해야 할 일을 하는 법을 배우는 데 도움이 됩니다.

방법

목표 기술이나 행동(최대 5개)을 정하십시오. 그런 다음 보상으로 줄 수 있는 물건이나 활동을 결정합니다. 토큰을 획득하는 방법과 보상으로 교환하는 시기에 대한 규칙을 만듭니다. 시간이 흐르면 토큰의 수를 조절하세요(예: 보상 교환에 필요한 토큰의 수를 늘리십시오).

조건

토큰 경제는 일반적으로 학교와 가정에서 사용됩니다. 토큰 경제의 규칙은 학생과 교사의 요구에 맞게 조절할 수 있습니다.

이럴 때 사용하세요.
- 집안 일을 하는 행동을 늘릴 때
- 학교에서 과제를 할 때
- 특정 시간에 문제행동을 중지시킬 때
- 또래와 상호작용을 늘릴 때

팁

- 보상으로 무엇을 받고 싶은지 학생에게 물어보세요. 과제를 하기위한 동기를 부여할 수 있습니다.
- 벌 대신 학생이 좋아하는 캐릭터로 맞춤형 토큰 보드를 만들어보세요.

설정하기
토큰에 대한 규칙을 만들어 학생에게 알려줍니다.

토큰의 획득
목표 행동을 완료할 때마다 토큰 보드에 토큰을 붙여 주세요.

소개
학생에게 토큰을 받기 위해 해야하는 일과 토큰을 다 채우면 어떤 보상을 얻을 수 있는지를 상기시킵니다.

절차를 시행하기
일을 하기 시작할 때와 마쳤을 때 칭찬하세요.

보상 획득
학생이 토큰 보드에 토큰을 다 채우면, 보상으로 교환해 주세요.

보상
토큰 보드가 다 채워지자마자, 보상을 주십시오. 토큰 보드의 토큰을 다 떼고 처음부터 다시 시작합니다.

전문 용어 : 대체행동의 차별강화

바람직한 대체행동 가르치기

문제행동을 더 나은 행동으로 바꿔줍니다.

목표

문제가 되는 행동을 줄이고 더 적절한 대체 행동을 가르칩니다.

방법

문제행동이 발생하는 이유를 확인한 다음, 학생의 요구를 충족시킬 수 있는 더 적절한 방법을 가르칩니다. 그 적절한 행동만 강화하고 문제행동은 무시하거나 다시 지시하십시오.

조건

늘리고 싶은 적절한 행동을 결정한 후, 학생이 이 행동을 할 때마다 강화(예: 칭찬, 관심)를 주세요. 시간이 지남에 따라 여러 번 성공하게 되면 강화를 줄여나갑니다.

팁

학생이 좋아하는 장난감이나 음식과 같은 특정 품목을 원해서 발생하는 문제행동(기능: 획득)의 경우, 대체 행동은 해당 품목을 적절하게 요구하는 것이 될 수 있습니다("요구하기 가르치기" 106페이지 참조).

학생이 과제를 하기 싫어서 발생하는 문제행동 (기능: 도피)의 경우, 대체 행동은 과제를 나중에 하기를 요구하거나 과제의 중간에 휴식을 요구하는 것일 수 있습니다.

1. 목표행동을 정하고 기능을 파악하세요

이 그림에서 학생은 교사의 관심을 끌고 있습니다.

2. 대체 행동 가르치기

학생이 원하는 것을 얻을 수 있는 더 적절한 방법을 가르칩니다.

여기에서 교사는 학생에게 교사의 주의를 끌려면 소리를 지르지 말고 손을 들어야 한다는 것을 가르치고 있습니다.

강화의 양

학생이 자발적으로 바람직한 대체행동을 할수록, 더 큰 강화를 받아야 합니다. 여기에서 교사는 강화를 하기 위해 학생 책상으로 다가와 학생을 부르며 특별한 관심을 주고 있습니다.

바람직한 대체행동 강화하기

학생이 바람직한 대체행동을 할 때마다 즉시 강화하십시오 (여기에서는 교사가 학생을 부르며 관심을 주고 있습니다). 학생이 문제행동을 하는 경우 그림2로 돌아가십시오. 그가 해야 할 행동을 상기시킵니다.

다른 친구 강화하기

바람직한 대체행동을 하는 다른 학생들에게 강화(여기에선 관심) 를 제공합니다. 문제행동은 무시하십시오. 이것은 학생에게 원하는 것(여기에선 관심)을 얻기 위해서는 어떻게 해야 하는지에 대한 힌트를 줄 것입니다.

기능에 따른 소거

획득과 관심

목표
효과적으로 문제행동을 감소시키기

방법
그 행동을 강화시키는 것이 무엇인지 확인하고, 그것을 중단하십시오.

강화제가 무엇인지 확인하기 위해 목표 행동의 4개 이상에 대한 ABC 데이터를 수집하세요(30페이지 참조). 기능을 확인하기 위해 패턴(문제행동이 발생하는 이유)을 찾아보세요(33페이지 참조).

조건
기능을 확인했으면, 모든 상황에서 모든 사람들이 소거 절차를 사용합니다. 일관된 소거 절차를 사용할수록 문제행동을 줄이는데 성공할 수 있습니다.

팁
문제행동이 더 심각한 경우(예: 공격성, 자해행동 등) 다음과 같이 계획된 무시를 할 수 있습니다.

- 필요한 최소한의 신체접촉을 사용하여 행동을 물리적으로 차단
- 표정은 중립적으로 유지
- 눈맞춤 피하기
- 학생과의 대화를 자제하기

문제행동

각 기능별 문제행동(물건 던지기)

획득 기능

터득한 것
학생은 이제껏 문제행동(크레파스 던지기)을 한 후 원하는 물건(토끼인형)을 손에 쥐었습니다.

소거 절차 사용
문제행동을 한 학생에게는 원하는 물건을 만지지 못하게 하고 문제행동을 하지 않은 학생은 놀던 크레파스를 정리하게 한 후, 원하는 장난감을 만질 수 있도록 허용해줍니다.

관심 기능
(계획된 무시)

터득한 것
학생은 문제행동을 하면 다른 사람의 관심을 끌게 된다는 것을 배웠습니다. "안돼", "하지마", "그만"과 같은 꾸짖음도 관심을 주는 한 형태라는 것을 기억하세요.

소거 절차 사용
문제행동을 하면 어떤 관심도 주지 마세요. 눈맞춤을 피하고 표정도 아무렇지 않게 유지하세요.

기능에 따른 소거

도피와 자동적 강화

목표
효과적으로 문제행동을 감소시키기

방법
그 행동을 강화시키는 기능이 무엇인지 확인하고, 그것을 중단하십시오.

강화제가 무엇인지 확인하기 위해 목표행동의 4개 이상에 대한 ABC 데이터를 수집하세요(30페이지 참조). 기능을 확인하기 위해 패턴 (문제행동이 발생하는 이유)을 찾아보세요(33페이지 참조).

조건
기능을 확인했으면, 모든 상황에서 모든 사람들이 소거 절차를 사용합니다. 일관된 소거 절차를 사용할수록 문제행동을 줄이는 데 성공할 수 있습니다.

팁
도피를 하기 위해 문제행동이 나타나고 있다면, 말하기, 보여주기, 수행하기 중재(68페이지)을 사용하여 지시를 따르게 합니다.

문제행동

각 기능별 문제행동(물건 던지기)

도피 기능

자동적 강화 기능

문제행동 차단하기

차단 및 바람직한
대체행동으로 재지시하기

목표
교사는 문제행동이 발생하지 않도록 차단하고 학생을 적절한 대체행동으로 안내합니다.

방법
학생이 문제행동을 할 때 교사는 해당 행동을 차단한 다음 즉시 학생을 적절한 행동을 하도록 재지시합니다.

교사는 먼저 문제가 되는 행동이 발생하는 이유를 파악하여 적절한 행동으로 전환할 수 있도록 하는 것이 중요합니다(행동의 기능, 33페이지 참조).

조건
학생이 문제행동을 했거나, 시도한 후에 이 중재를 사용하세요.

예
한 학생이 이식행동(먹을 수 없는 것을 먹음)을 합니다. 플레이도우를 먹기 시작합니다. 교사는 학생의 입에서 플레이도우를 제거하고 입을 손으로 막습니다. 교사는 학생에게 플레이도우로 눈사람 만드는 방법을 보여줍니다.

팁
공격행동이 너무 심한 경우, 팔뚝과 손바닥을 사용하여 차단합니다. 또한 물건 던지는 행동을 막기 위해서는 던질 만한 물건을 미리 치워 놓아야 합니다.

문제행동

학생이 교사에게 접근하여 문제행동을 시작합니다.

참고로 교사는 이미 학생이 때리는 이유를 알고 있습니다. 여기서 기능은 관심 끌기입니다.

차단

교사가 문제행동을 차단합니다.

재지시

교사가 더 적절한 방법을 알려줍니다.

여기서 교사는 주의를 끌 때 어깨를 두드리는 방법을 보여주고 있습니다. 교사는 학생이 바람직한 대체행동(어깨 두드리기)를 할 때까지 학생에게 돌아보지 않습니다(주의를 기울이지 않음).

적절한 반응 강화하기

학생이 적절한 행동을 하면 교사는 강화를 해줍니다.

여기에서 학생은 교사의 어깨를 두드려 관심을 요청합니다. 이것은 적절하므로 교사가 돌아보며 주의를 기울입니다.

전문 용어 : 반응차단과 재지시

상동행동 중재

음성 상동행동과 신체적 상동행동 줄이기

목표
점차 음성 및 신체적 상동행동(예: 대본읽기, 반복적인 소리내기, 손 펄럭임, 몸 흔들기)하는 것을 줄입니다.

방법
상동행동이 발생하면 즉시 행동을 차단하고 다른 행동으로 재지시합니다.

조건
이 중재는 상동행동이 일어날 때 언제든지 사용할 수 있습니다. 행동이 발생한 후에 중재를 시작하면 시간이 흐르면서 행동 발생은 줄어들 것입니다.

팁
계속적으로 성공하기 위해서는 상동행동을 차단하는 방법 및 재지시하는 유형을 다양한 형태로 시도합니다.

음성 상동행동

반복적인 소리내기
반복적인 음성을 내면 즉시 다음 단계를 따르십시오.

신체 상동행동

신체의 반복적인 움직임
신체의 반복적인 움직임이 관찰되면 즉시 다음 단계를 따르십시오.

차단
음성 상동의 경우 학생과 대화를 함으로써 행동을 중단하거나 차단합니다.

재지시
상동행동과 동시에 할 수 없는 행동을 하도록 학생을 지도합니다. 음성상동의 경우 아이가 질문에 답을 하게 하거나 교사의 소리를 따라하도록 합니다.

차단
신체적 움직임의 경우, 다른 동작을 하도록 하여 행동을 중단하거나 차단합니다.

재지시
상동행동과 동시에 할 수 없는 행동을 하도록 지도합니다. 하이파이브, 팔을 흔들거나, 돌거나, 주먹을 꽉 쥐게 하는 것과 같은 신체적 움직임을 하도록 합니다.

새로운 기술 가르치기

소개

많은 부모와 교사는 학생들이 새로운 기술을 학습하고, 더 독립적일 수 있도록 돕고 싶어하는 공통의 목표를 갖고 있습니다. 여기에는 자기 관리 기술, 사회적 상호작용, 놀이 기술 또는 학업 기술 습득 등이 포함될 수 있습니다. 당신이 학생에게 가르치고 싶은 기술은 시간이 지남에 따라 변화할 수 있지만, 이 장에서 제시하는 전략은 상황과 연령에 따라 적용될 수 있습니다. 학생들은 각각 다른 속도로 기술을 습득할 수 있으며, 어떤 학생은 몇몇 기술을 다른 기술에 비해 훨씬 빠르게 습득할 수도 있다는 것을 인식하는 것이 중요합니다. 지속적인 연습과 인내심을 통해 당신은 학생이 스스로의 삶에서 의미 있는 변화를 경험하도록 도울 수 있습니다.

효과적인 전략과 다양한 교수 방법이 있으므로 어떤 방식으로 접근하였을 때 학생이 가장 잘 배우는지를 고려하는 것이 중요합니다. ABA에서 기술 습득의 목표는 일반적으로 학생의 특정 요구에 맞게 개별화되어 세워집니다. 아래에 나열된 질문에 답을 해봄으로써 학생에게 합리적인 목표를 제시하는 방법과 이를 달성하는데 가장 적합한 방법을 결정하도록 합니다.

목표
- 독립성 증진
- 현재의 기술 향상
- 새로운 기술 가르치기

고려사항
- 목표 기술과 관련된 아동의 현재의 기술 수준은 어느 정도인가?
- 아동의 기술 수준에 따른 합리적인 목표는 무엇인가?
- 아동은 보기, 직접 해보기 중 어떤 것으로 더 잘 배울 수 있는가?
- 아동은 시각적 설명 또는 언어적 설명 중 어떤 것으로 더 잘 배울 수 있는가?
- 아동이 이 기술을 함께 연습할 수 있는 다른 사람은 누가 있는가?
- 이 기술을 연습할 수 있는 다른 방법은 무엇인가?

어떻게 사용할 것인가
- 가르치고 싶은 기술의 종류 결정
- 전략을 선택
- 아동의 수준에 맞게 전략을 수정

의사소통 기술을 증진시키기 위한 전략
- 새로운 요구하기 가르치기

독립성을 높여주는 전략
- 과제 분석
- 문제 해결

사회성 기술을 높여주는 전략
- 연합 (Pairing)
- 공동 주의 (Joint attention)
- 놀이 기술

학습 상황에서 사용할 수 있는 전략
- 행동 형성 (Shaping)
- 모델링 (Modeling)
- 자연적 중재 (Naturalistic teaching)
- 일반화 (Generalization)

연합

성공을 높이기 위한 관계 만들기

관계쌓기

선호 활동 확인하기

학생을 위해 여러 물건과 활동 자료를 배치하고 어떤 것을 선택하는지 확인합니다.

목표
어른의 지시를 따라, 또래와의 사회적 상호작용을 향상시킵니다.

방법
학생은 자신이 선호하는 물건이나 활동과 교사를 연결함으로써 교사의 존재를 즐거운 경험과 연관 지을 것입니다. 이렇게 하면 아동이 교사의 지시를 더 잘 따르고 또래와 함께 사회적 상호작용에 더 많이 참여할 가능성이 높아지게 될 것입니다.

조건
처음 만나는 교사, 처음 보는 친구와 같이 새로운 사람과 관계를 맺을 때, 연합은 중요합니다. 부모는 자녀와 이미 확립된 관계를 개선하기 위해 연합 전략을 시도해 볼 수 있습니다.

팁
당신의 존재를 '즐거움'과 연합할 수 있는 좋은 방법은 학생이 장난감이나 활동을 스스로 할 수 없도록 하고, 당신과 함께여야만 접근할 수 있도록 하는 것입니다. 연합을 향상시키는 또 다른 방법은 학생이 선호하는 활동에 도움을 주는 것입니다. 예를 들어 학생이 기찻길 만드는 것을 도와주는 방법이 있을 수 있습니다.

사회성 기술 향상시키기

선호 활동 확인하기

학생을 위해 여러 물건과 활동자료를 배치하고 어떤 것을 선택하는지 확인합니다.

개입없이 놀이 함께하기

학생이 선택한 활동에 참여합니다. "이렇게 해봐.", "더 빨리 가야지."와 같은 놀이에 대한 요구나 개입은 하지 않고, 학생의 의도대로 놀이를 따라가 줍니다.

또래 친구 연합하기

학생이 선택한 활동을 또래 친구가 가지고 함께 놀 수 있게 합니다.

또래 놀이 지원하기

선호하는 활동 중 새로운 장난감을 또래가 가지고 놀도록 합니다. 학생은 또래에게 더 긍정적인 반응을 할 가능성이 높으며 사회적 상호작용을 시작할 수 있습니다.

자연적 중재

학습의 순간 포착하기

목표
자연스러운 상황에서 학습을 향상하기 위해 학생의 일상 활동 및 일과와 관련된 기술을 가르칩니다.

방법
학생의 일상에서 학습 기회를 늘릴 수 있는 방법을 찾아보세요.

학생이 현재 배우고 있는 기술을 고려하고, 자연스러운 상황에서 이러한 기술을 연습할 기회를 만듭니다. 예를 들어, 학생이 현재 색깔을 배우고 있고, 레고를 가지고 노는 걸 좋아한다면 교사는 "레고로 파란색 탑을 만들어 보자!"라고 제안할 수 있습니다.

조건
학습은 일상적인 활동이나 일과 중에 이루어져야 합니다. 교사는 학습을 촉진할 수 있는 자료를 배치하여 더 많은 기회를 만들어줄 수 있습니다.

팁
학생이 주도하는 대로 따라갑니다. 학생이 흥미를 느끼는 것을 관찰하고 어떻게 하면 이 순간을 학습의 순간으로 바꿀 수 있을까를 생각해보세요.

내가 가르치고 싶은 것은?

이 기술을 가르칠 자연적 중재 방법은?

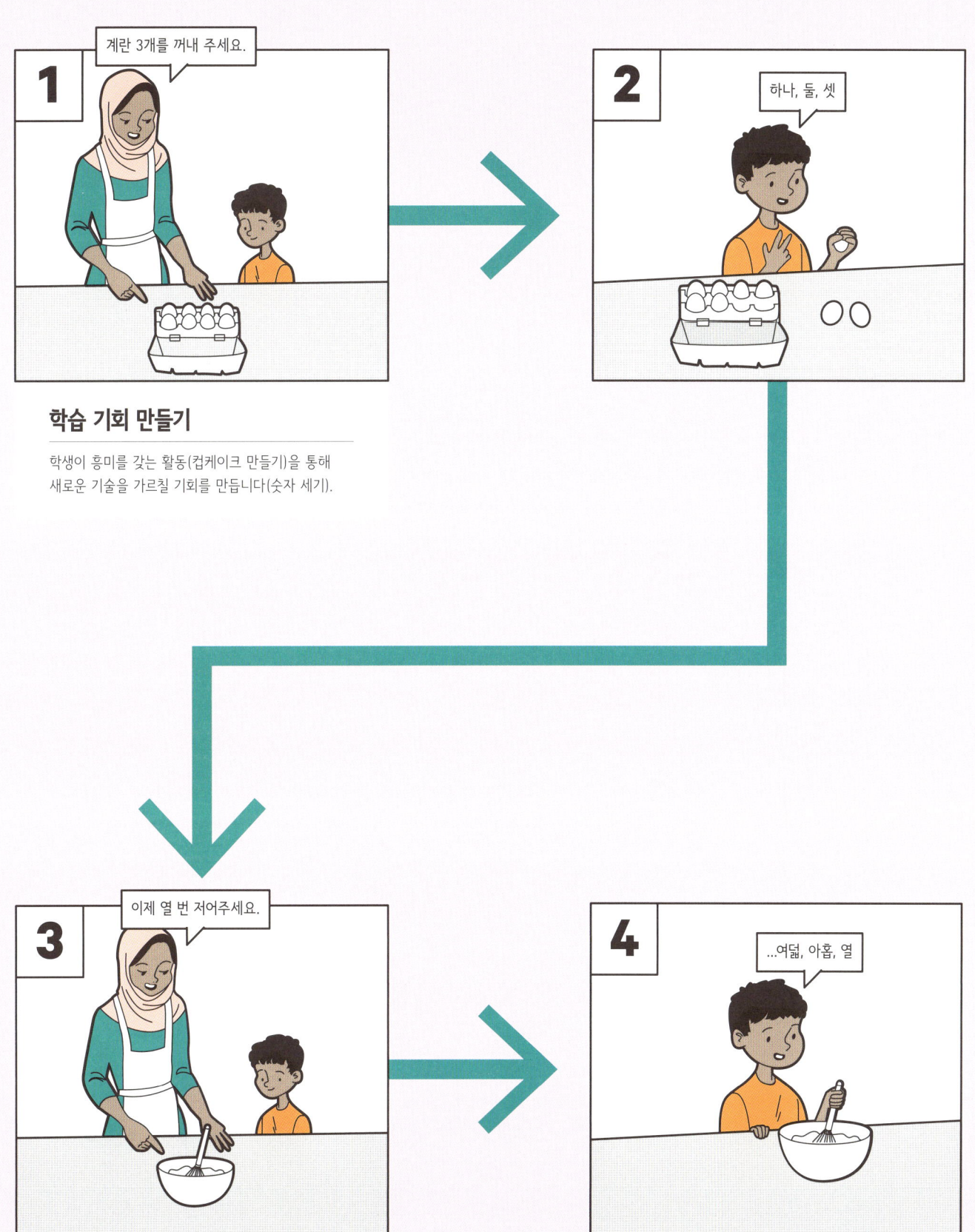

전문 용어 : 과제 분석

작은 단위로 나누기

새롭고, 복잡한 기술 가르치기

과제 분석하기

교사는 복잡한 과제를 완료하는데 필요한 단계를 적습니다. 각각의 단계는 아주 단순한 하나의 행동으로 이루어져야 합니다.

목표

새롭고 복잡한 기술을 작은 단계로 나누어 가르칩니다.

방법

교사는 과제 또는 활동을 완료하기 위해 필요한 세부 단계를 적어 과제 분석 (Task Analysis)을 합니다.

교사는 각 단계를 한 번에 하나씩 체계적으로 가르치며 필요에 따라 도움을 제공합니다.

조건

과제 분석은 손 씻기, 양치질, 옷 입기, 신발 끈 묶기, 집안일, 식사 준비하기, 길 건너기와 같은 적응 기술을 가르치기 위해 사용됩니다. 세부 단계로 나눌 수 있는 복잡한 기술에 대해 과제 분석을 하여 작성해봅니다.

팁

과제 분석 (Task Analysis)을 작성한 후 각 단계를 직접 연습하면서 순서가 바르게 되어있고, 빠뜨린 것이 없는지 확인합니다. 시각 자료는 순서를 학습하는 데 도움을 주는 좋은 방법입니다. ("교구들" 중 142페이지 참조).

기술이 익숙해지면 점진적으로 교사의 도움은 줄이고, 학생의 독립성을 높일 수 있도록 합니다.

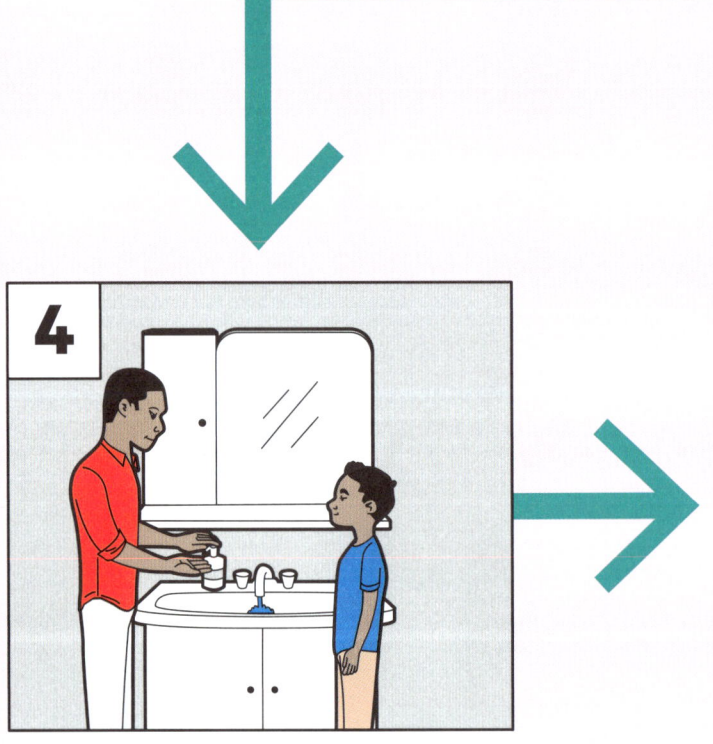

도움주기 단계: 모델링

여기서 교사는 학생에게 다음 단계를 수행하는 방법을 직접 시범으로 보여주는 "모델링" 촉구를 사용하고 있습니다.

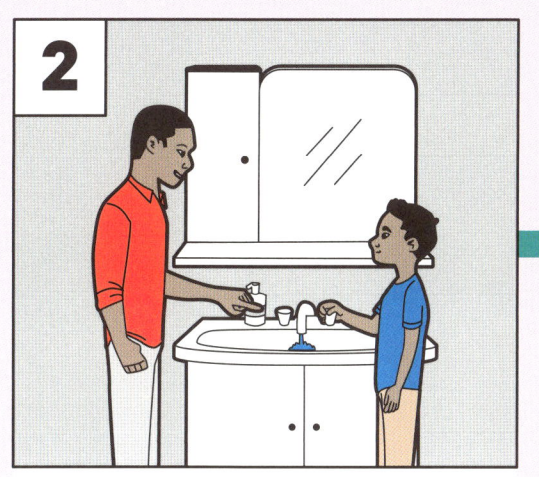

도움주기 단계: 제스쳐(가리키기)

학생이 도움이 필요한 경우 "촉구"를 제공하거나 수행할 작업을 미리 알려줍니다. 여기서 교사는 학생에게 물을 트는 것을 상기시키기 위해 수도꼭지를 가리키고 있습니다.

도움주기 단계: 언어적 도움

여기서 교사는 학생에게 다음 단계가 무엇인지 말로 얘기해주는 "언어적 촉구"를 제공하고 있습니다.

독립성 강화하기

학생이 이미 독립적으로 수행할 수 있는 단계에서는 칭찬을 많이 해주고, 학생의 수행을 재촉하지 않도록 합니다.

새로 배운 기술 강화하기

학생이 처음으로 하나의 단계를 스스로 완료할 때마다 구체적인 언어로(잘한 내용을 정확하게 표현) 칭찬합니다.

문제 해결하기 1

해결책을 찾고 독립성 기르기

목표
학생은 스스로 문제를 인지하고, 가능한 해결 방법을 만들어서 선택할 수 있습니다. 그리고 해결이 되었는지 생각해 봅니다.

방법
학생에게 문제 해결 과정을 위한 각 단계를 안내하면서 협력을 강조하고, 궁극적으로는 독립성을 강조합니다.

조건
새로운 문제가 발생할 때마다 이 단계를 사용합니다. 작은 문제(공책을 다 씀)부터 큰 문제(학교에서 괴롭힘을 당함)까지 모두 동일하게 과정이 적용될 수 있습니다.

문제 상황

학생에게 문제가 생겼습니다.

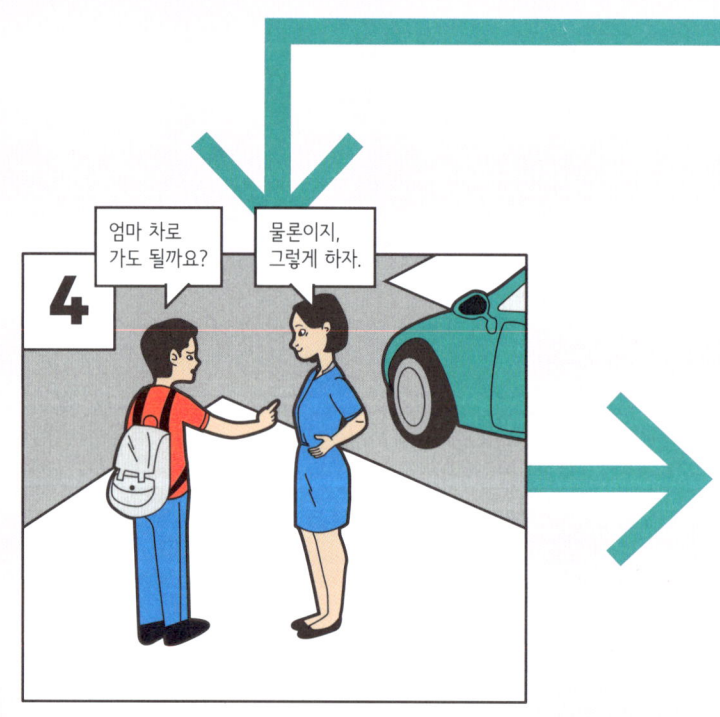

선택하기

한 가지 해결책을 선택하고, 시도해 볼 수 있도록 도와줍니다.

문제 확인하기

먼저 어떤 문제가 발생한 것인지 확인하도록 합니다.

다양한 해결방법 생각하기

학생과 함께 좋든 나쁘든 가능한 한 많은 해결책을 찾아 봅니다.

평가하기

해결책을 통해 문제가 잘 해결되었는지, 아니면 다른 방법을 시도해야 하는지 여부를 평가해 봅니다.

결과

선택한 해결책으로 문제가 해결되었다면 목표에 도달한 것이고, 만약 그렇지 않으면 다시 4단계로 돌아갑니다.

문제 해결하기 2

해결책을 찾고 독립성 기르기

문제 확인하기

학생은 문제가 무엇인지 정확하게 파악합니다.
여기서 학생은 일을 마치기 전, 문제에 봉착했습니다.

목표

새로운 문제에 대한 해결책을 찾고 독립성을 증진 시킬 수 있습니다.

방법

새로운 문제에 직면했을 때 해야 할 일에 대한 구조 (문제를 해결하는 과정)를 가르칩니다. 학생은 문제가 풀릴 때까지 해결 방법을 찾고, 시도해보는 법을 배우게 될 것입니다.

조건

무언가를 잃어버렸을 때, 물건이 파손되었을 때, 물건에 손이 닿지 않을 때, 과제가 너무 어려울 때 등등 다양한 문제 상황에서 이 단계를 활용할 수 있습니다.

팁

교사는 처음에 해결책을 제안하거나 다른 해결책을 생각해 볼 수 있도록 도움을 제공할 필요가 있습니다. 학생은 연습을 통해 독립적으로 단계를 완수해 나가도록 해야합니다.

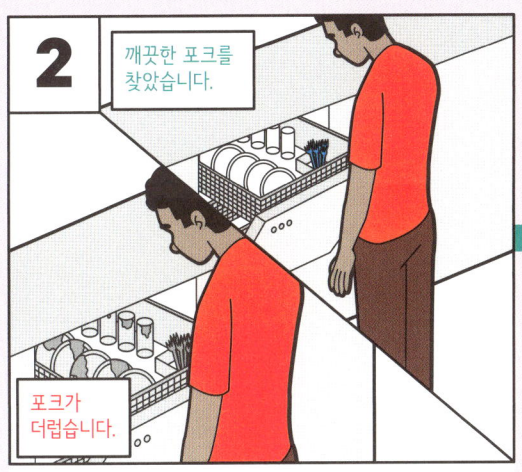

문제 해결 시도 1

먼저 학생이 하나의 해결책을 생각하여 시도해 봅니다. 올바른 해결책을 찾았으면 일을 마칩니다. 만약 올바른 해결책이 아니면 다음 단계로 넘어갑니다.

문제 해결 완료

학생은 올바른 해결방법을 찾아 일을 마칠 수 있었습니다.

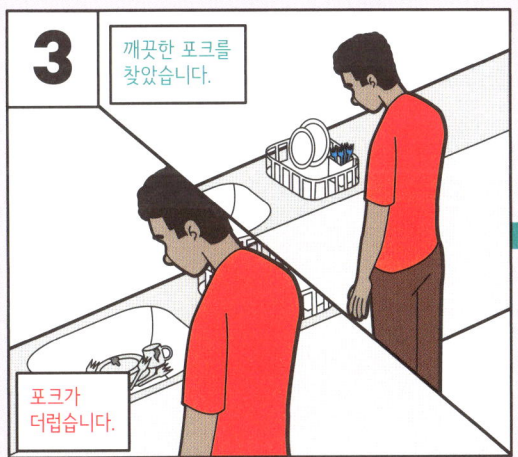

문제 해결 시도 2

학생은 다른 해결책을 시도해 볼 수 있습니다. 올바른 해결책을 찾았으면 일을 마칩니다. 만약 올바른 해결책이 아니면 계속해서 또 다른 해결책을 찾습니다.

95

행동 형성과 용암

순서대로 새로운 기술 가르치기

목표

행동 형성(Shaping): 새로운 기술을 가르치는 것을 목표로 함.
용암(Fading): 독립성 증진을 목표로 함.

방법

실제 목표기술에 점점 더 가까워지는 진전이 보일 때에 학생에게 강화를 주는 방법입니다. 첫 번째 그림(행동 형성)에서와 같이 시간이 지남에 따라 목표 단계를 올릴 수도 있고, 두 번째 그림(용암)에서와 같이 한 수업에서 도움의 정도를 줄여가면서 반복적인 시도를 해볼 수도 있습니다.

기술을 형성하려면 기술의 작은 부분을 가르치는 것부터 시작해서 연습을 통해 기술의 단계를 계속 쌓아가야 합니다.

조건

행동 형성은 의사소통 표현하기(예: 학생에게 말하기 가르치기)를 가르칠 때 주로 사용되지만, 다양한 기술에 사용할 수 있습니다.

용암은 주로 적응기술을 가르칠 때 사용하며, 처음에는 교사가 완전한 도움을 주는 것으로 시작하여, 점진적으로 도움을 줄여서 학생이 결국에는 독립적으로 수행하게 합니다.

행동 형성
언어 가르치기

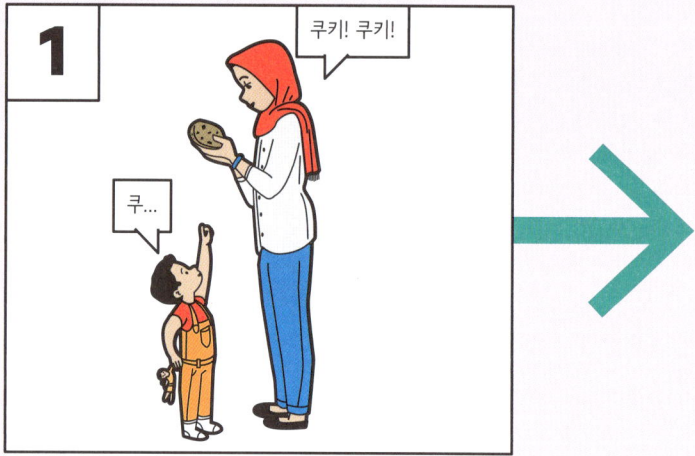

학습 시작하기

새로운 기술을 시도하면 강화합니다. 표현적 의사소통을 가르치기 위해 단어의 첫 음절을 만들어 낼 수 있습니다.

여기에서 "쿠키"를 말하려고 하는 아동의 모든 시도에 대해 쿠키를 주는 것으로 강화합니다.

용암
독립성 증진 시키기

학습 시작하기

새로운 기술을 시도하면 강화합니다. 적응 기술의 경우 완전한 도움으로 시작하도록 합니다. 여기에서는 칭찬을 하거나 학생이 새로운 기술을 연습 한 후 좋아하는 활동을 할 수 있도록 해주는 것이 강화가 될 수 있습니다.

단계 올리기

좀 더 진전된 반응을 보이면 강화합니다. 학생의 기술이 향상된 후에는 해당 단계의 기준에 적합한 기술을 수행했을 때만 강화를 제공합니다(예:"쿠"라고만 말하면 쿠키를 주지 않음).

독립수행

학생이 기술을 습득한 후에는 해당 단계에 적합한 기술을 수행했을 때만 강화를 제공합니다 (예:"쿠키"라고 정확하게 말한 경우에만 쿠키를 제공).

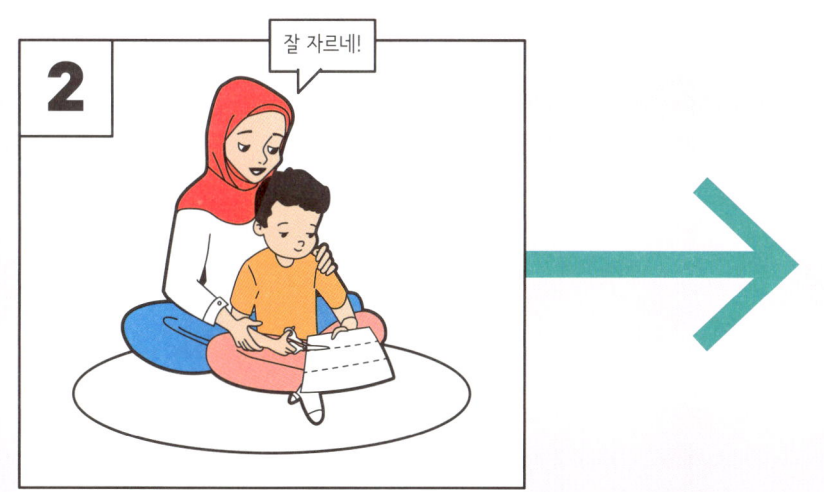

단계 올리기

좀 더 진전된 반응을 보이면 강화합니다. 학생의 능력이 향상됨에 따라서 점진적으로 도움을 줄이면 독립성이 높아집니다.

독립수행

학생이 독립적으로 기술을 수행할 수 있도록 점진적으로 도움을 줄입니다.

모델링

보여주기 방식으로 가르치기

목표
어떻게 기술을 수행하는지 시범을 보여줍니다. 학생은 행동을 따라 함으로써 기술을 배울 수 있습니다.

방법
학생이 배웠으면 하는 특정한 기술을 보여줍니다(모델링). 학생이 스스로 그 행동을 모방하기 시작할 수도 있습니다. 또는 "이제 네 차례야.", "이렇게 따라해봐."라고 지시를 해서 학생이 기술을 모방하도록 격려할 수 있습니다.

조건
모델링은 새로운 기술을 배우는 방법으로 일상 생활에서 자주 사용될 수 있습니다. 사람들은 종종 다른 사람 행동을 보면서 사회적 기술과 자조 기술을 배웁니다. 모델링을 통해 새로운 기술을 배울 수 있도록 촉진합니다.

팁
비디오 모델링은 특히 사회 기술과 놀이 기술을 가르치는데 효과적인 전략입니다. 학생은 누군가가 기술을 수행하는 비디오를 본 다음 스스로 그 기술을 모방합니다.

모델링
사회적 기술

시범 보이기
이 기술이 사용될 수 있는 상황에서 목표 기술을 수행하는 시범을 보입니다.

여기서 교사는 저녁식사 시간에 할 수 있는 적절한 대화 기술을 모델링 하고 있습니다.

모델링
자조 기술

시범 보이기
사용 가능성이 높은 도구를 이용해 목표 기술을 수행하는 시범을 보입니다.

여기서 교사는 연필을 쥐는 방법과 학생의 이름을 쓰는 방법을 모델링 하고 있습니다.

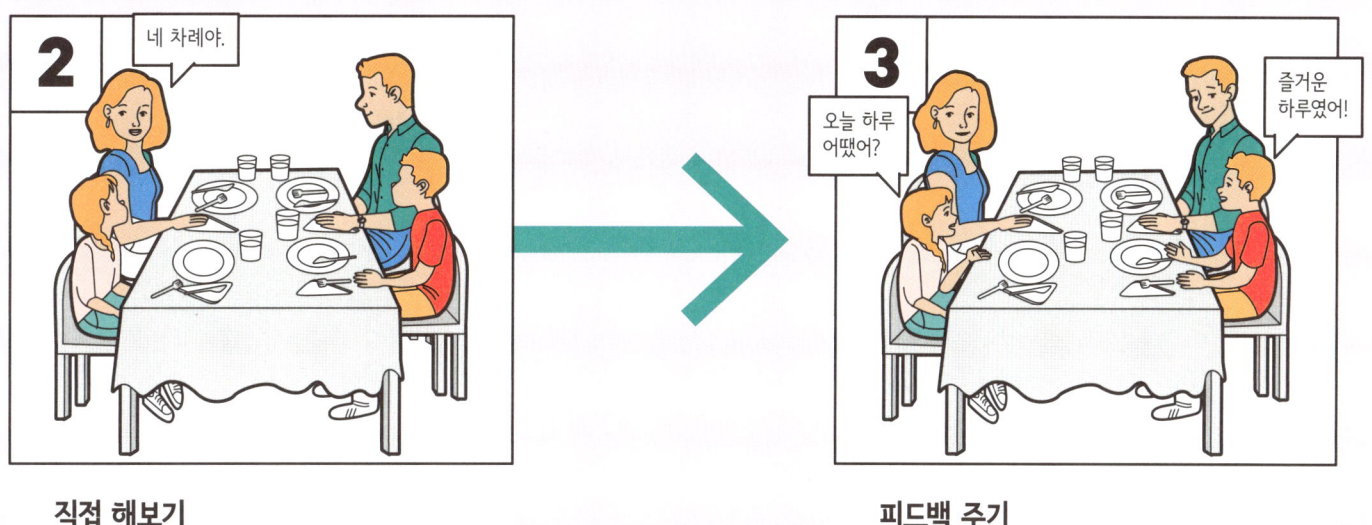

직접 해보기

학생이 즉각적으로 모델을 따라할 수 있도록 합니다.

피드백 주기

잘한 점과 다음에 개선되어야 할 부분에 대한 피드백을 제공합니다.

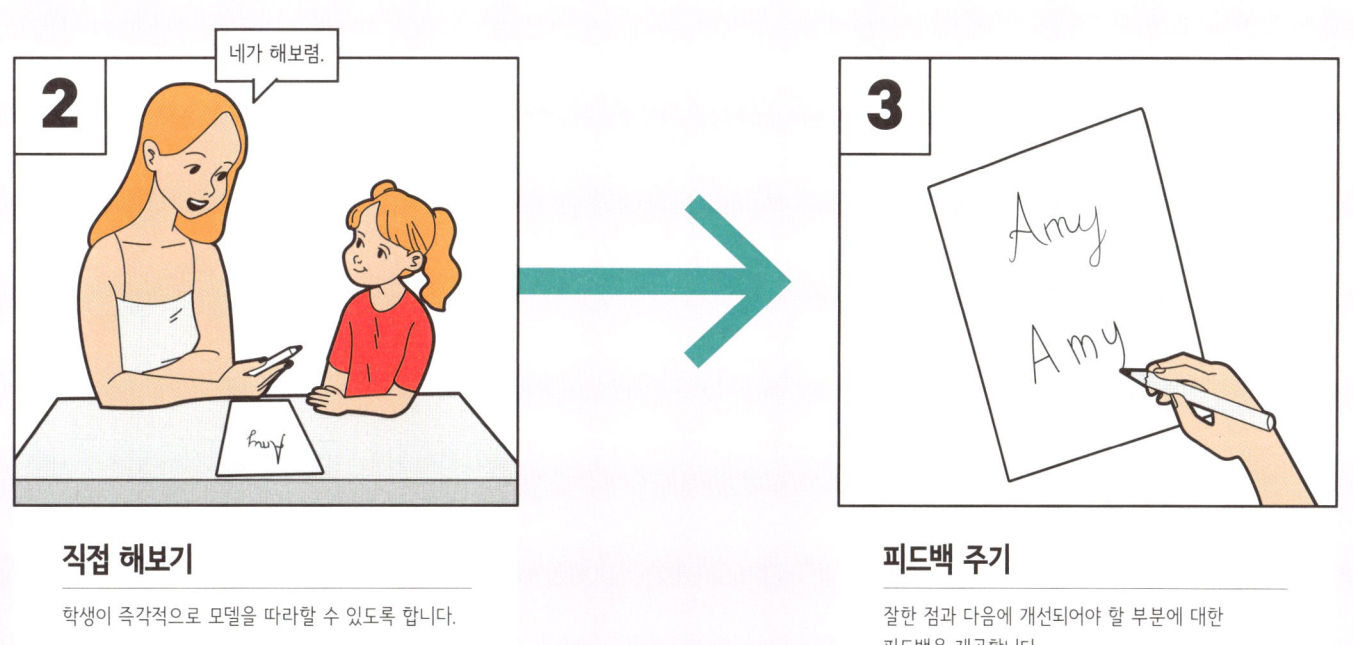

직접 해보기

학생이 즉각적으로 모델을 따라할 수 있도록 합니다.

피드백 주기

잘한 점과 다음에 개선되어야 할 부분에 대한 피드백을 제공합니다.

일반화

배운 것 적용하기

목표

특정 환경(예: 집에서 신발 끈 묶기)에서 학습한 한 가지 기술을 다양한 환경(예: 학교, 공원) 및 다양한 방식(예: 다른 신발)에 적용합니다. 이것을 '일반화'라고 합니다.

일반화의 목표는 가르쳐준 적 없는 상황에서 기술을 수행하는 것입니다.

방법

새로운 기술을 가르칠 때, 그 기술이 쓰일만한 다양한 상황, 사람, 도구 등을 고려하여 가르칩니다.

조건

학생이 '그 기술을 습득했다.'라고 말하기 위해서는 그 기술이 일반화되어야 합니다.

학생이 새로운 상황에서 기술을 사용할 수 있을 때까지 다양한 상황에서 기술을 가르치고 연습합니다. 예를 들어, 학생에게 "이름이 뭐야?"에 대한 대답을 가르쳤을 때, 학생이 다양한 사람들 즉, 부모님, 교사, 그리고 형제 또는 또래 친구의 질문에 대답을 정확하게 하면 그 기술을 습득했다고 볼 수 있습니다.

팁

어떤 학생들은 다양한 상황에서 연습하기 전에 먼저 구조화된 환경에서 새로운 기술을 가르쳐야 합니다. 또 다른 방법으로는 처음부터 다양한 상황에서 가르칠 수도 있습니다. 당신이 맡은 학생이 어떻게 접근했을 때 가장 잘 배울 수 있는지를 생각해보세요.

기술을 가르칠 때

- 다양한 사람과 함께
- 다양한 환경에서
- 다양한 도구를 사용
- 다양한 언어표현 사용
- 하루 중 여러 시간대에

놀이 기술

사회적 관계를 개선하기 위한 놀이 기술 가르치기

목표
학생이 놀이 기술을 배움으로써, 사회적 관계를 형성하고 발전할 수 있도록 도와줍니다.

방법
- 학생의 현재 놀이 기술 수준이 어느 정도인지 확인합니다.
- 현재 수준보다 한 단계 높은 놀이 유형을 목표로 설정합니다.
- 해야 할 행동을 모델링해주고, 놀이와 관련된 코멘트를 하는 등 학생과 함께 놀이를 연습합니다(예: 칼을 들고 "나는 해적이다!"라고 말하기).
- 학생이 당신의 행동이나 말을 따라하려고 하는 시도를 강화합니다.

조건
놀이 기술을 가르칠 때는 친구들과 시도하기 전에 교사가 먼저 학생과 함께 기술을 몇 번 연습하는 것이 도움이 됩니다.

학생이 친구들과 함께 연습할 준비가 되면, 교사가 모델링을 통해 무엇을 해야 하는지 도움을 주도록 합니다. 그 후 점진적으로 촉구를 줄여서 학생들이 스스로 놀 수 있도록 합니다.

1. 관찰자 단계
학생이 또래 친구의 놀이를 보고 있습니다. 그러나 친구와 상호작용을 하거나 장난감을 같이 가지고 놀지는 않습니다.

4. 가장 놀이 단계
창의적인 방법으로 물건들을 이용하여 다른 사람인 것 처럼 가장 놀이를 합니다.

2. 병행 놀이 단계

학생은 또래 친구가 가지고 노는 장난감과 비슷한 놀이 또는 활동을 하지만, 서로간에 상호작용은 없습니다.

3. 연합 놀이 단계

학생은 친구와 동일한 장난감을 가지고 놀며 이야기를 나누고, 쳐다볼 수 있지만 활동을 완료하기 위해 협력하지는 않습니다.

6. 협동 놀이 단계

학생들은 공동의 목표를 설정하고, 함께 게임이나 활동을 합니다. 차례 지키기와 활동에 대해 언급하는 것과 관련된 사회성 기술을 사용합니다.

5. 사회적 놀이 단계

학생은 공유하기, 차례지키기 등 사회적 놀이 기술을 배웁니다. 또한 친구에게 같이 놀자고 요청할 수 있습니다.

공동 주의

사회성 기술의 시작: 공통 관심사를 공유하도록 가르치기

목표
학생들에게 공통 관심사를 공유하며 사회적 상호 작용을 따르고, 시작하고, 참여하도록 가르칩니다. 공동 주의는 학생들이 다른 사람의 표정과 몸짓을 통해 정보를 얻는 방법을 배우는 데 도움이 됩니다.

방법
행동 형성(96페이지 참조) 전략을 사용하여 두 가지 주요 유형의 공동 주의를 가르칩니다. 공동 주의에 반응하기, 공동 주의 시작하기, 다양한 장난감, 활동 및 사람(성인 및 또래)들과 함께 연습합니다.

조건
이러한 기술을 자연스러운 환경에서 가르치고, 수정해줍니다. 공동 주의와 관련된 기술을 목표로 하는 게임을 만듭니다(예: 장난감을 숨기고 학생이 당신이 가리키는 것, 고개를 돌려 보는 곳, 시선이 따라가는 것을 찾도록 가르칩니다).

팁
장난감으로 놀면서 과장된 언어와 얼굴표정을 사용하면 학생은 상대방의 얼굴에 그 사람의 감정이 나타난다는 것을 배울 수 있습니다.(예: 블록으로 세워놓은 탑이 넘어질 때, 눈썹을 치켜 올리고 입을 가리고, "어어어-오!"라고 말하며 과장되게 깜짝 놀란 얼굴을 만들어 보여주세요. 만약 학생이 당신을 쳐다본다면, 학생에게 "잘 쳐다 봤어!"라고 말하거나 간지럼을 태우는 등의 보상을 제공합니다.

교사와 함께하기

반응하기
선호하는 장난감을 이용하여 학생의 관심을 끌도록 합니다. 장난감을 이리저리 움직일 때 학생의 시선이 장난감을 따라올 수 있도록 도와줍니다. 놀이 중에 눈맞춤을 하기 위해 장난감을 당신의 얼굴에 가져다 대어 봅니다.

시작하기
학생의 공동 주의 시도를 강화합니다. 학생이 무언가를 가리키면 함께 그것을 보며 긍정적으로 대답해줍니다. 예: "와~ 거기 강아지가 있구나~ 정말 귀엽다."

또래와 함께하기

또래에게 반응하기

학생들이 함께 놀만한 선호 장난감을 제공하여 또래와 함께 놀이를 할 수 있도록 세팅해줍니다. "봐, 친구가 인형을 가지고 있네."라고 말해줌으로써 또래의 놀이에 참여하게 하는 데 도움을 줄 수 있습니다.

또래에게 다가가기

참여 학생 모두가 선호하는 장난감이나 활동을 배치하여 함께 놀이하고, 상호작용 할 수 있게 해줍니다. 공동 주의를 시작하고 그것을 유지하는데는 도움이 필요할 수 있습니다.

필요한 선행 조건(기술)

학생
- 필요한 것을 요청할 수 있다.
- 다른 사람을 모방할 수 있다.

교사
- 강화제로서의 역할(학생과 교사가 즐겁게 활동한 경험이 있어야 한다.)

공식 명칭 : 맨드 훈련

요구하기 가르치기

원하는 것/ 필요한 것
요청하는 방법 가르치기

목표

- 학생의 요구를 충족시키는 적절한 대체 방법을 교육함으로써 문제행동을 줄일 수 있습니다.
- 의사소통 기술을 학습합니다.

방법

학생이 필요한 것을 적절히 요청하려면 어떻게 말해야 하는지 정확히 알려주세요. 학생의 수준에 따라 한 단어로 요청("쿠키")하거나, 문장으로 요청("쿠키 주세요"), 수화 또는 그림교환 의사소통 체계(PECS)가 사용될 수 있습니다. 올바르게 표현을 할 때까지 원하는 것을 제공하는 것을 보류합니다. 효과를 높이기 위해서는 반복해서 연습하는 것이 중요합니다.

조건

학생이 장난감, 음식, 관심, 숙제에 대한 도움 요청 등 어떤 것을 요청할 동기가 있을 때마다 이 전략을 사용합니다. 여기서 동기는 학생이 원하는 것을 향해 손을 뻗거나 문제행동을 하는 것처럼 보일 수 있습니다.

팁

학생이 해야 되는 말을 시각적으로 상기시키는 문장 시작 카드를 시각적 촉구("도구들" 중 144페이지 참조)로 사용합니다.

학생이 모든 사람과 환경에서 적절한 요구를 하게 해야합니다.

동기 확인하기

학생이 요청하려는 동기가 있는 것이 무엇인지 파악합니다(장난감, 관심, 도움 요청 등).

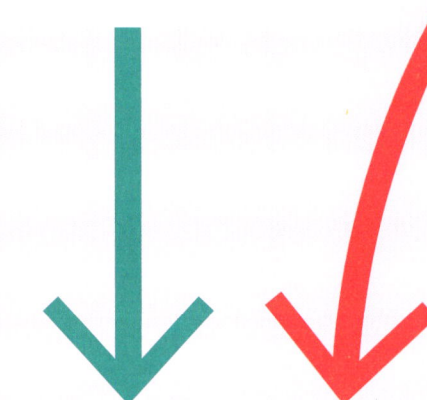

질문하기

먼저 학생이 무엇을 원하거나 필요로 하는지 생각할 기회를 줍니다.

수정하기

학생에게 즉시 정답을 말해주어 수정해 준 후, 그림2로 돌아가 질문을 다시 합니다.

강화하기

학생이 적절하게 요청한 것을 제공합니다.
장난감, 관심, 도움 등이 될 수 있습니다.

반응하기

학생은 자신이 원하는 것의 명칭을 정확하게 말할 수도 있고, 아니면 문제행동을 일으킬 수도 있습니다.

여러 중재를 함께 사용하기

소개

이번 챕터는 이전 챕터에서 다루었던 내용에 대해 자신감을 갖게 되면 사용할 수 있도록 구성되어 있습니다. 일상생활 속에서 더 어려운 순간들을 해결하기 위한 전략을 사용하는 방법에 대해 알아볼 것입니다. 여기서 소개되는 상황에 따른 전략들은 부모님을 대상으로 한 여론조사와 수년 간 전문가들이 경험한 것을 바탕으로 작성되었습니다. 각각의 일상적인 과제에 대해 제안된 전략 패키지가 제공됩니다. 이러한 전략에는 책의 앞부분에서 자세히 설명된 예방 전략과 반응 전략이 포함됩니다. 더 자세한 이해가 필요할 경우 각 전략에 대한 페이지 번호가 제공됩니다.

ABA에서는 이 전략 패키지를 행동 중재 계획(BIP, Behavior Intervention Plan)이라고 합니다. 이것은 교사들이 구체적인 문제를 지도하기 위해 일관되게 사용해야 하는 절차들을 수록한 것입니다. 가장 빠르고 효과적인 결과를 얻으려면 시행할 절차들을 먼저 결정한 후, 그것을 꾸준히 일관되게 적용해야 합니다. 또한 학생과 관련된 모든 관계자가 일관되게 그 절차를 적용하면, 학생은 무엇을 해야 하는지 더 빨리 배울 것입니다.

당신은 어떤 전략들이 더 효과적인지, 혹은 당신의 아동과 잘 어울리는 전략은 무엇인지 알 수 있을 것입니다. 다른 챕터에서는 단계별로 순서를 따르는 것이 중요하지만, 그와 달리 이 챕터에서는 전략이 가이드라인처럼 배열되어 있습니다. 따라서 필요에 따라 단계를 조절할 수 있습니다. 예를 들어 '사전 예고' 단계가 학생에게 효과적이지 않은 경우 전체 전략 패키지의 일부로서 그것을 포함할 필요가 없습니다. 부분적으로 이를 생략하거나 당신의 학생에게 더 잘 맞는 전략으로 바꿀 수 있습니다(예: '먼저, 그 다음'). 이 챕터에서 여러분께 가장 잘 맞는 중재법을 구성하여 적용해보세요.

전자기기 끄기

목표

학생이 전자기기를 끄라는 요구를 따를 수 있게 합니다(예: 태블릿, 핸드폰, 비디오 게임, 컴퓨터 등).

방법

- 교사는 다양한 전략을 사용하여 지시를 따르게 합니다.
- 교사는 문제행동을 줄이기(도피와 관련된) 위해 소거를 사용해야 합니다.

조건

문제가 되는 행동의 가능성을 줄이기 위해서는 전자기기를 끄라는 지시를 하기 전에 이러한 전략을 사용하도록 합니다.

팁

전자기기를 끄라고 할 때, 학생에게 "전원을 끄고 나에게 줘."보다는 "끄고 내려놔."라고 말하도록 합니다. 어떤 학생의 경우 다른 사람에게 기기를 주는 것보다 스스로 그것을 어디에 둘지 정해 통제할 수 있게 하면 더 쉽게 받아들일 수도 있습니다.

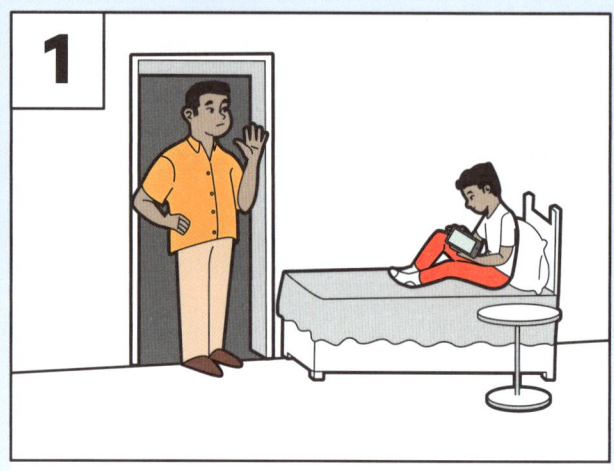

사전 예고 (56페이지)

전원을 끄라고 말하기 전에 전환을 할 수 있도록 예고해줍니다. "5분 남았어(기기 사용이)"라고 말할 수 있습니다. 1분 전 알림을 해주는 것도 도움이 될 수 있습니다.

쉬운 것, 쉬운 것, 어려운 것 (60페이지)

어려운 난이도의 지시 "전원을 끄렴."을 시키기 전에 '쉬운 것, 쉬운 것, 어려운 것'의 전략을 사용하여 지시 순응을 높입니다. 먼저, 전자기기와 관련된 두 가지 더 쉬운 지시 따르기를 시도합니다 (예: "게임 몇 점 나왔어?", "친구에게 '잘 가'라고 말해.").

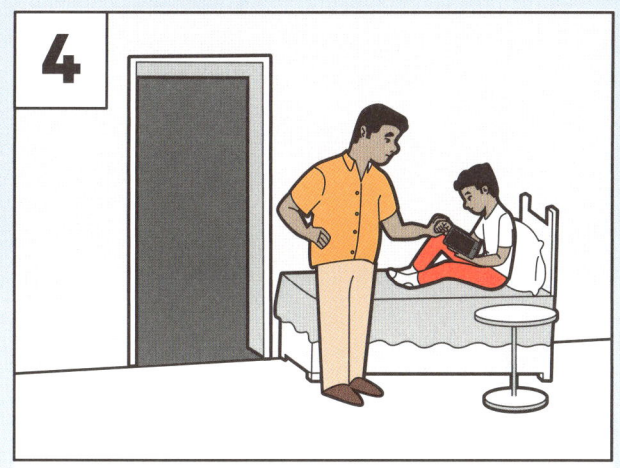

소거 (74페이지)

지시를 따르게 하고, 당신이 기기를 끄라고 지시한 후에는 계속해서 기기에 접근할 수 없도록 합니다. 말하고, 보여주고, 실행하기 전략을 사용하여 수행하도록 합니다.

강화 (40페이지)

학생이 지시 따르기를 수행할 경우 칭찬으로 사회적 강화를 제공합니다(잘 껐어! 한 번에 끄다니 멋지다!). 나중에 학생이 지시를 잘 따른 것에 대한 보상으로 전자 기기를 다시 사용할 수 있게 되는 것이 가장 바람직합니다.

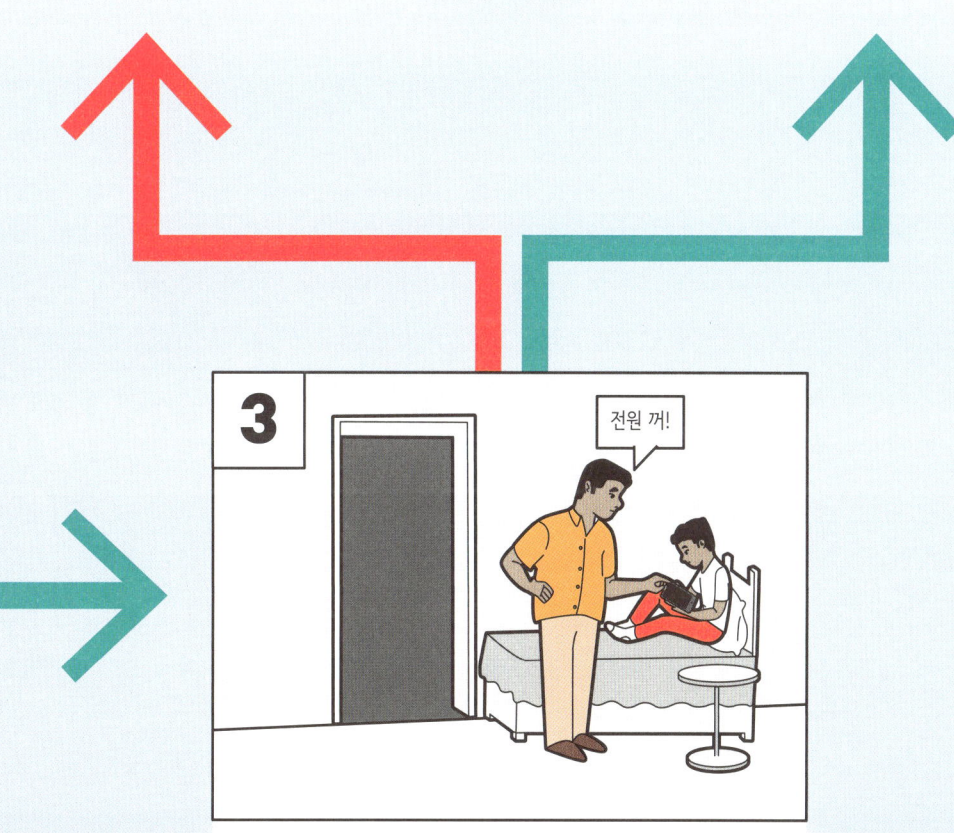

말하고, 보여주고, 실행하기 (68페이지)

3단계 지시법을 사용하여 명확하게 지시를 하고 "전자기기 꺼." 지시를 따르게 합니다.

여기에서 교사는 지시 중, 2단계 즉, 기기의 전원 버튼을 손으로 가리키며 모델을 보여주는 단계를 수행하고 있습니다.

과제 지속하기

목표
학생이 하고 있는 과제의 양과 시간을 늘립니다. 휴식을 하기 위해서는 과제를 모두 완료해야 한다는 것을 가르칩니다.

방법
- 교사는 다양한 전략을 사용하여 지시를 따르게 합니다.
- 교사는 문제행동을 줄이기(도피와 관련된) 위해 소거를 사용해야 합니다.

조건
주어진 과제를 도피하는 문제행동이 있는 경우(예: 숙제하기, 학교 과제 하기) 이 전략을 사용하도록 합니다.

사전 예고 (56페이지)

지시를 하기 전에 전환에 대한 예고를 해줍니다. "5분만 더 가지고 놀아(선호하는 물건)." 또는 "5분 후에는 할 일을 해야 돼(과제)." 와 같은 형식으로 말하는 방법이 있습니다.

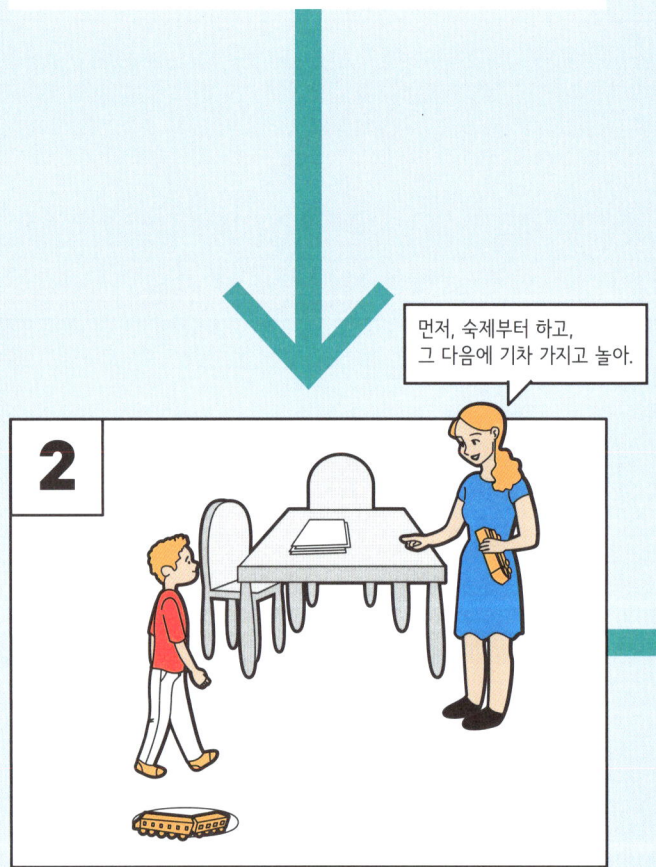

먼저, 그 다음 (58페이지)

학생에게 "먼저, 그 다음" 전략을 사용하여 무엇을 해야하는지를 상기시켜줍니다. 보상이 되는 것을 보이는 곳에 놔두어 동기를 더 일으킬 수도 있습니다. "먼저(과제)하고 다음에(보상)하는 거야."

소거 (74페이지)

학생이 과제를 도피하려고 할 경우 주어진 과제를 끝까지 수행하도록 하고, 도피하지 못하게 합니다. 이 때 말하고, 보여주고, 실행하기 전략을 이용합니다 (68페이지).

강화 (40페이지)

과제를 완료한 후에 휴식을 취할 수 있게 해줍니다. 과제를 한 단계 끝낼 때마다 짧은 휴식을 주고, 모든 과제를 끝냈을 때는 더 긴 휴식시간을 제공합니다.

선택권 주기 (해야 할 일 중) (62페이지)

해야하는 과제와 관련된 선택 항목을 제공합니다. 다음 중 하나를 선택해 볼 수 있습니다.
- 워크시트의 앞, 뒤 중에 선택
- 수학, 국어 중에 선택
- 크레파스, 색연필 중에 선택
- 파란색 펜, 검정색 펜 중에 선택
- 교사1 또는 교사2 중에 선택

교실 방해 행동

목표
- 교실에서 학생이 관심을 얻으려고 하는 방해 행동을 줄입니다.
- 학생들에게 친구나 교사의 관심을 끌기 위해 할 수 있는 적절한 행동을 가르칩니다.

방법
- 교사는 학생이 적절하게 관심을 요청하는 방법을 배울 수 있도록 다양한 전략을 사용할 수 있습니다.
- 교사는 대상 학생의 방해 행동을 줄이기 위해 소거 전략 (관심 주지않기)을 사용해야 합니다.

조건
이러한 전략을 한 명의 대상 학생 또는 모든 학생들에게 적용하여, 수업시간에 방해가 되는 행동을 예방하고 줄입니다.

사전 예고 (56페이지)
쉬는 시간에서 수업 시간으로 전환하기 전에 교사는 학생들에게 다음 활동에 대해 예고해 줍니다. (예: 책상에 조용히 앉아있기, 질문이 있을 때는 손을 들고 말하기)

예방 전략
예측 가능하게, 그리고 자주 대상 학생에게 관심을 제공합니다 (대답하도록 시키기, 칭찬하기). 관심을 주는 시간 간격을 점진적으로 늘립니다. 자주 관심을 주면, 그 학생은 관심을 끌기 위해 방해 행동을 할 가능성이 줄어들 것입니다.

소거 (74페이지)

방해 행동은 무시하도록 합니다. 방해 행동에 관심을 주는 것을 최소화하기 위해 학생과 물리적으로 거리를 두거나 쳐다보지 않습니다. 심각한 방해 행동인 경우 최소한의 방법으로 차단하고 적절한 행동으로 수정해 줍니다(손 드는 것을 시범 보이기).

강화 (40페이지)

바람직한 행동(손 들기)을 하면 곧바로 관심과 함께 강화를 줍니다 (학생의 이름 불러주기). 바람직한 행동의 몇 가지 사례에 따라 추가적으로 관심을 제공합니다 (학생이 교실 앞으로 나올 수 있게 해주기).

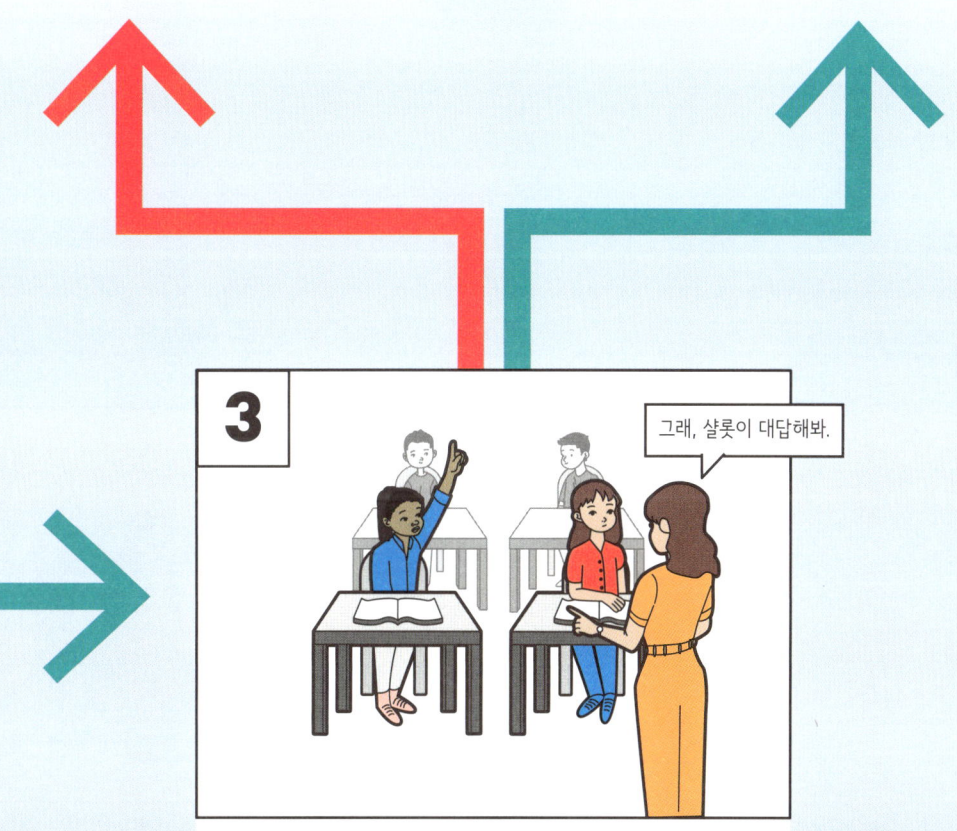

바람직한 대체 행동 가르치기 (72페이지)

관심을 요청하는 바람직한 대체행동(예: 손 들기)을 했을 때만 학생에게 강화를 제공합니다(관심주기). 적절한 행동으로 참여하고 있는 다른 학생에게 관심을 주는 것은 대상 학생이 어떻게 해야 하는지를 배우게 합니다.

장난감 공유하기

목표
선호하는 장난감을 가지고 놀 때, 차례를 기다리는 법을 배우고 사회적 놀이 기술을 증진시키는 것을 목표로 합니다.

방법
- 같이 노는 것에 대한 정확한 목표를 설정합니다.
- 적절한 차례 지키기는 어떻게 하는 것인지 방법을 알려줍니다(모델링).
- 차례 지키며 놀기가 몇 번 되면, 학생이 다음 차례까지 기다려야 하는 시간을 점진적으로 늘려갑니다.

조건
이 단계는 학생과 다른 사람이 모두 관심을 갖는 장난감을 가지고 놀 때 연습할 수 있습니다. 또한 교사와 함께 역할놀이로 진행될 수도 있습니다. 교사가 "장난감 주고 받기 연습하자."라고 말하고 또래인 척하며 장난감에 흥미를 보여 학습을 진행할 수 있습니다.

사전 예고 (56페이지)

학생들이 선호하는 장난감을 차례를 지켜 놀 수 있도록 미리 예고해줍니다.
(예: 각 사람이 2분의 시간을 가지고 논 후에 서로 교환하기)

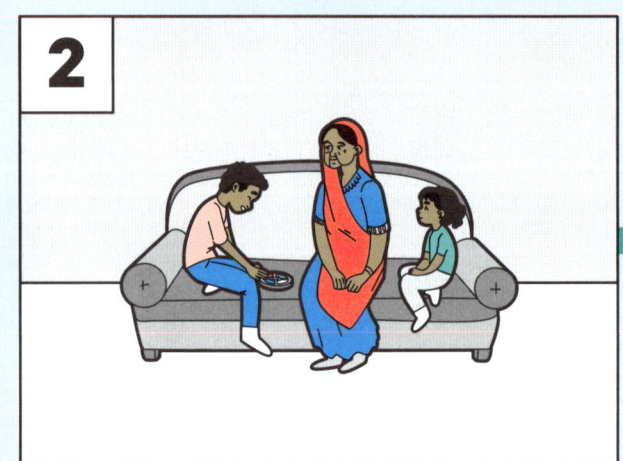

모델링 (98페이지)

차례를 기다리는 동안 할 수 있는 적절한 행동을 모델링을 통해 보여줍니다(차분하게 앉아있기, 다른 친구가 가지고 노는 것 보기, 물건을 가지려고 손 뻗지 않기).

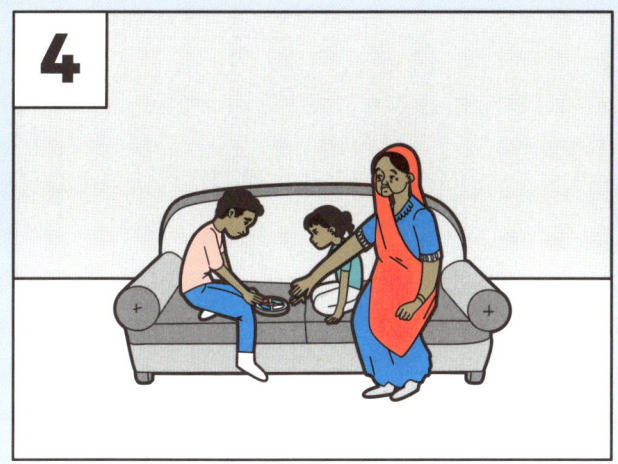

소거 (74페이지)

학생의 차례가 아닌데 장난감에 접근하려고 하면 막아서 차단하도록 합니다.

강화 (40페이지)

학생의 차례가 끝났을 때, 스스로 장난감을 친구에게 주는 경우 칭찬이나 다른 보상을 제공하여 강화를 줍니다.

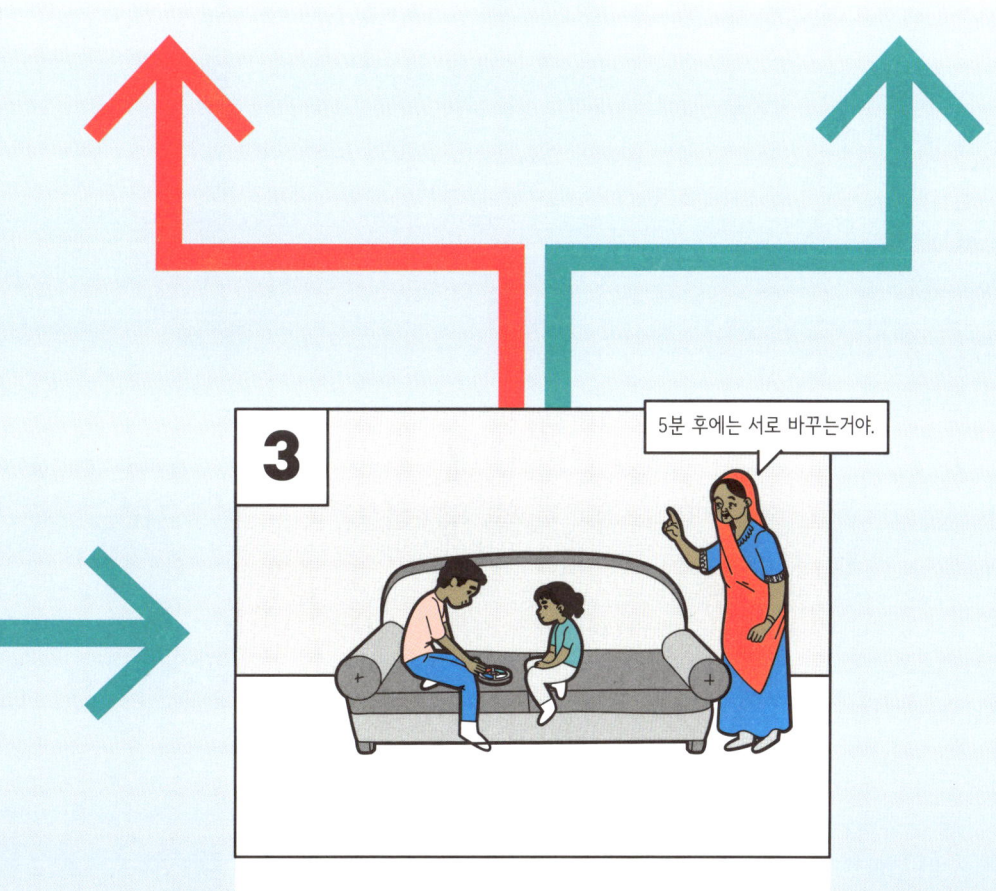

행동 형성(기다리기) (96페이지)

학생에게 이 기술을 연습시킬 때, 다음 차례를 기다리는데 필요한 시간을 점진적으로 늘려갑니다.

"안돼"와 "기다려" 받아들이기

목표
"안돼"처럼 하지 못하게 했을때 받아들이고 참는 것과 좋아하는 물건을 받을 때까지 기다리는 법을 가르칩니다.

방법
- 시각적 일과표, 요청하기, 선택권 주기와 같은 다양한 전략을 사용하여 1) 언제 원하는 것을 할 수 있는지 알려주거나, 2) 새로운 것을 얻거나 지금 하고 있는 것을 더 하고 싶을 때 어떻게 요구해야 하는지 가르칠 때, 또는 3) 학생이 불가능한 것을 원하는 경우 다른 대체항목으로 전환할 때에 사용합니다.
- 교사는 문제행동(접근이 거부되는 것에 대한)을 줄이기 위해 소거 전략을 사용할 수 있습니다.

조건
이 전략은 접근을 거절당하는 것에 대해 문제가 있는 경우 (예: 학생이 활동을 요청했는데, "안돼!"라고 거절 당했을 때, 학생이 활동을 더 하고 싶어하는데 안된다고 했을 때) 에 사용합니다.

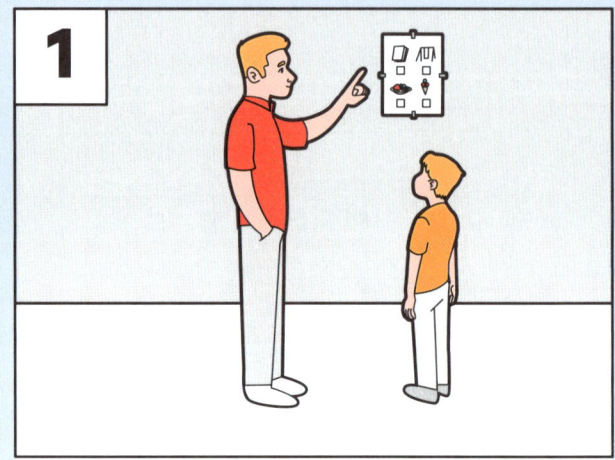

사전 예고 (56페이지)
하루 중 선호하는 장난감이나 활동을 언제 할 수 있는지 알려주는 시각적 일과표를 만듭니다.

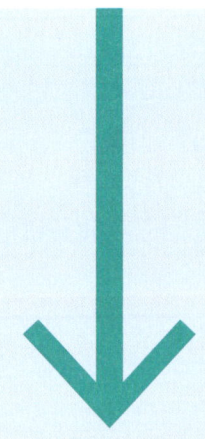

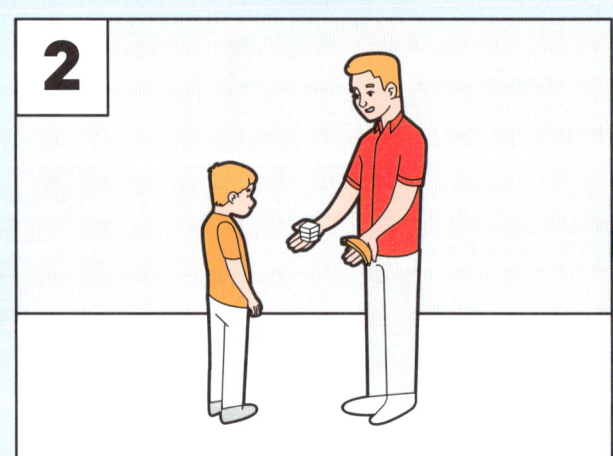

선택권 주기 (62페이지)
선호 활동을 할 수 없는 경우, 아주 좋아하는 활동과 중간 선호 활동 이렇게 최소 두 가지 중 선택할 수 있도록 해줍니다.

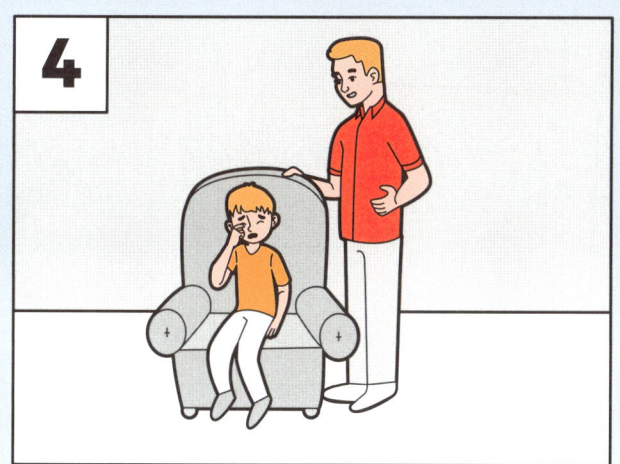

소거 (74페이지)

학생이 문제행동을 할 때, 교사는 해당 물건이나 활동이 제거되거나 거부된 상태가 유지되도록 해야합니다. 학생이 활동을 적절하게 요청하고, 기다리는 방법을 상기시켜줘야 할 수도 있습니다.

강화 (40페이지)

학생이 적절한 행동("안돼."라는 말을 용인하고, 필요한 것을 적절하게 요청하고, 그것이 주어질 때까지 잘 기다림)을 했을 때 강화를 받게 됩니다. 강화를 받기 위해 학생이 기다려야 하는 시간을 점진적으로 늘리려면 행동 형성 전략을 사용합니다.

요구하기 가르치기 (106페이지)

학생이 물건이나 활동을 요청하기 위해 적절한 행동을 할 때, 칭찬해줍니다. 가능한 경우 물건과 활동에 접근할 수 있도록 해줍니다.

편식

목표
학생이 새로운 음식도 시도해 볼 수 있게 합니다(주로 과일과 채소를 중점으로 함).

방법
음식을 한 입 먹을 때마다 '먼저, 그 다음' 전략을 사용합니다. "새로운 음식 먼저 먹고, 그 다음 좋아하는 것 먹자."

학생이 좋아하는 음식을 먹기 위해 먹어야 하는 새로운 음식의 양을 점진적으로 늘려갑니다.

조건
학생이 먹었으면 하는 새로운 음식 목록을 만듭니다. 학생이 현재 충분히 섭취하지 않고 있는 종류의 음식들을 생각해 봅니다. 구체적인 식이 구성은 전문가(의사, 영양사)와 상의하도록 합니다. 이 전략은 매일 간식 시간에 연습합니다. 학생이 가장 좋아하는 음식을 받기 전에 새로운 음식을 다섯 번 정도 편하게 먹는다면, 이 새로운 음식을 평상시 식사 시간에 적용하도록 합니다(예: 도시락에 싸주기, 아침식사와 함께 제공하기).

참고
만약 학생이 새로운 음식을 잘 받아들이지 않는다면, "괜찮아. 하지만 (좋아하는) 음식도 먹을 수 없어."라고 말하고 모든 음식을 먹지 못하게 합니다. 학생이 좋아하는 음식을 다시 요청하면 그 때 다시 시도해 봅니다.
가장 좋아하는 음식은 학생이 새로운 음식을 먹은 후에만 주어야 합니다.

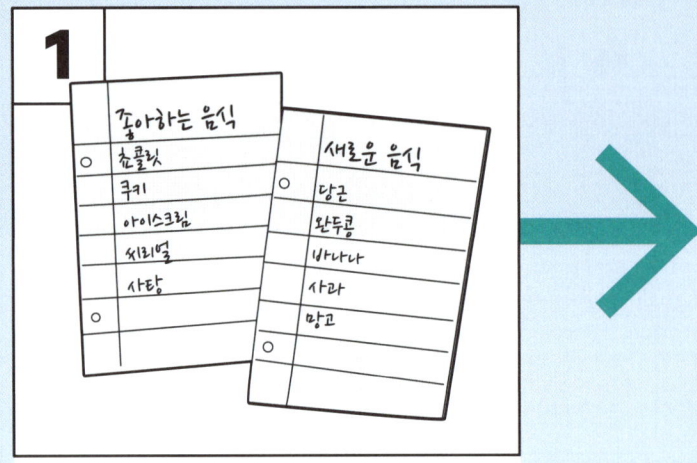

음식 목록 정하기
학생이 현재 즐겨 먹는 음식 목록을 작성합니다 (이 목록은 보상이 될 수 있습니다).
새롭게 먹어볼 음식의 목록도 작성합니다.

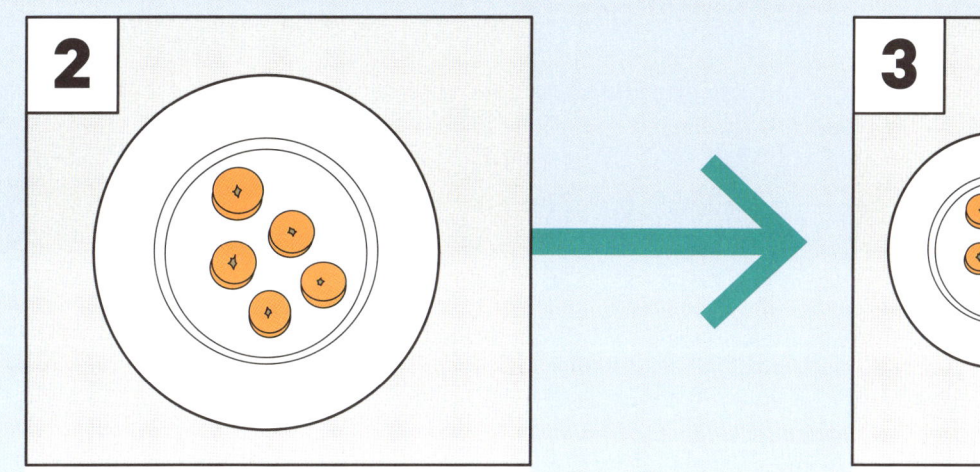

2 작은 조각으로 자르기

새로운 음식을 다섯 조각으로 자릅니다. 처음에는 아주 작은 크기로 시작해서(M&M크기) 점진적으로 크기를 늘려가도록 합니다.

3 준비하기

좋아하는 음식과 함께 작은 조각으로 잘라 둔 새로운 음식을 함께 준비합니다.

4 새로운 음식 한 입 먹기

"먼저(새로운 음식) 먹고, 그 다음 (좋아하는 음식)먹어."라고 지시를 내립니다.

5 보상 주기

학생이 새로운 음식을 한 입 먹을 때마다 좋아하는 음식도 한 입 먹을 수 있게 합니다. 적어도 다섯 번 시도를 합니다.

지시 따르기

목표
학생의 순응도를 높이고 과제를 완료하는 데 걸리는 시간을 줄입니다.

방법
명확하게 지시를 내리고, 주어진 요구 사항을 따르게 하고, 학생의 노력을 강화하면, 학생이 지시를 따를 가능성이 높아집니다. 이러한 단계를 일관적으로 사용하면 학생은 전반적으로 지시 따르기를 더 잘하게 될 것입니다.

조건
이러한 단계는 어떠한 지시 따르기에도 사용할 수 있지만, 특히 어려운 지시 따르기에는 일관적으로 사용해야 합니다.

팁
일반적으로 학생이 지시를 따르는데 어려움을 겪는 환경(예: 침실, 책상, 차 안 등)에서 이 전략을 사용하도록 합니다. 도전적인 상황이 발생했을 때 이 단계를 기억해낸다면 도움이 될 것입니다.

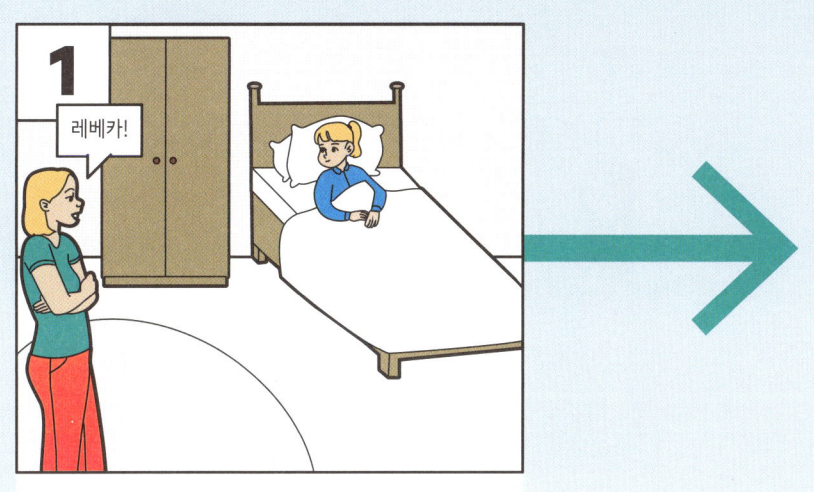

주의 집중시키기

지시를 내리기 전에 학생이 주의집중을 할 수 있게 합니다(눈맞춤하기).

명확하게 짧게 지시하기

지시는 명확하고 짧게 합니다. 질문형의 문장을 사용하지 않습니다(예: "~해줄래?").

3단계 지시법 (68페이지)

지시를 따르게 하기 위해 3단계 지시법을 사용합니다. 먼저, 무엇을 해야하는지 말로 알려주고, 어떻게 하는지 보여준 다음 물리적으로 도움을 주어 과제를 완료하게 합니다.

강화 (40페이지)

학생이 지시를 곧바로 따르면 칭찬해줍니다. 과제를 모두 완료하고 나면 큰 보상을 제공합니다.

전환

목표
선호가 높은 활동에서 비선호 활동으로 전환하는 것에 대한 순응도를 높입니다.

방법
학생에게 전환을 해야 한다는 것을 미리 알려주어 준비를 시킵니다. 지시 따르기 전략을 함께 사용하면 보다 어려운 전환 행동을 수행하는 데 도움이 됩니다.

조건
학생이 매우 선호하는 활동(예: 휴식, 집에서 자유롭게 놀기, TV 시청, 전자기기 사용하기, 친구와 놀기)에서 덜 선호하는 활동(예: 수업, 숙제하기, 집안일, 차를 타고 이동)으로 전환이 필요할 때 이 단계를 사용합니다.

사전 예고 1 (56페이지)
학생에게 어려울 수 있는 전환 과제에 앞서, 어떤 변화가 있을 것인지 미리 예고를 하여 '준비'를 시킵니다.

사전 예고 2 (56페이지)

전환 활동에 대한 지시를 하기 전에 앞으로 다가올 일(학생에게 기대하는 행동)에 대해 한 번 더 상기시켜 줍니다.

쉬운 것, 쉬운 것, 어려운 것 (60페이지)

활동과 관련된 쉬운 요구로 전환을 시작합니다(여기서 교사는 "멋지게 뛰어."라고 말하고 있습니다).
즉시 또 다른 쉬운 요구("내 뒤로 서.")를 따르게 한 뒤, 마지막으로 도전적인 과제("안으로 들어가자")인 전환을 지시합니다.

3단계 지시법 (68페이지)

쉬운 것, 쉬운 것, 어려운 것 전략을 사용하는 데 있어 어느 시점이든 학생이 따르지 않는다면 말하기, 보여주기, 실행하기(3단계 지시법) 전략을 이용하여 끝까지 지시를 수행하게 합니다.

강화 (40페이지)

어려운 이동을 마친 후에는 반드시 강화해줍니다.

개인정보 가르치기

목표
학생의 중요한 개인정보(이름, 나이, 생일, 주소, 전화번호, 부모님 이름)를 학습할 수 있도록 지원합니다.

방법
새로운 기술을 가르치는 데 효과적이고, 다양한 전략을 사용합니다. 학생의 현재 수준에 맞게 전략의 난이도를 조절하고 반복을 통해 연습을 시킵니다.

조건
안전을 위해 자신의 개인정보를 알고 있는 것은 중요합니다.

개인 정보를 학습하려면 상당한 교육과 반복적인 노력이 필요할 수 있지만, 여기에 나온 전략을 사용하면 학생이 정보를 더 빨리 배우고 기억하는 데 도움이 될 것입니다.

자연적 중재 (88페이지)
질문에 대답을 할 수 있는 자연스러운 기회를 찾습니다. 연습 기회는 많으면 많을수록 좋습니다.

행동 형성 (96페이지)

짧게 시작하여 시간이 지남에 따라 문장을 늘려갑니다. 특히 전화번호, 주소와 같은 긴 대답에 해당됩니다. 한 번에 몇 개의 숫자만 가르칩니다.

모델링 (98페이지)

학생에게 정답을 언어로 말하거나 답을 적는 방법(학생이 더 잘 배우는 방법으로 선택)으로 보여줍니다.

일반화 (100페이지)

학생이 질문에 대한 답을 잘하면, 다른 사람이 질문을 해보도록 합니다. 이렇게 연습하면 학생은 새로운 사람이 물어봐도 정확하게 대답할 수 있습니다.

말하기 가르치기

목표
표현언어 능력을 향상시킵니다(예: 말소리 및 단어).

방법
새로운 기술을 가르치는데 효과적인 다양한 전략을 사용합니다. 학생의 현재 수준에 맞게 전략의 난이도를 조절하고 반복을 통해 연습하게 합니다.

조건
자폐증이 있는 사람들의 공통적인 특징은 말 또는 언어발달에 지연이 있다는 것입니다. 다음은 학생이 발화를 시작할 가능성이 더 높다는 몇 가지 지표가 될 수 있습니다.

- 놀이할 때 옹알이 하기
- 소리 모방하기
- 다른 사람이 말할 때 입 쳐다보기
- 노래하는 소리 내기
- 정확한 명칭이 아닐 수 있지만, 그 명칭과 비슷한 소리로 옹알이를 한다.
- 수용 언어 능력을 갖추고 있다(다른 사람이 말하는 내용을 이해한다. 간단한 지시 따르기를 알아듣고 수행하거나 이름을 불렀을 때 쳐다본다.)

강화하기 (40페이지)
효과적인 강화 전략을 사용하여 학생이 말하기를 시도하려는 것에 강화를 하고, 첫 소리나 단어를 말하면 큰 보상을 줍니다.

행동 형성 (96페이지)

먼저 학생에게 소리를 흉내내는 법부터 가르칩니다. 학생이 옹알이를 할 때, 어떤 소리를 낼 수 있는지 잘 들어봅니다.

모델링 (98페이지)

학생을 주의집중 시킨 후, 가르치고 있는 단어나 소리를 말해줍니다(입의 움직임과 소리를 발음하여 시범을 보여줍니다).

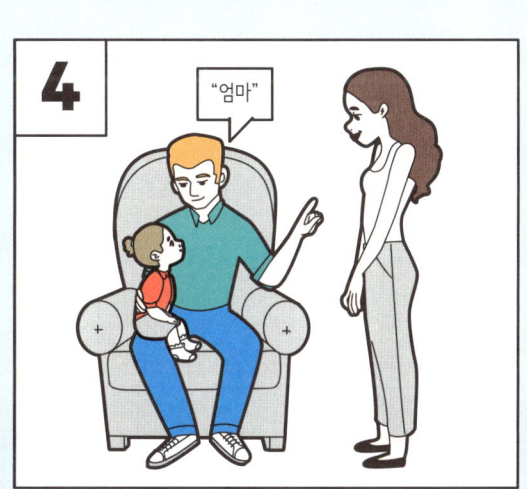

일반화 (100페이지)

여러 사람과 함께 연습하여 일반화 학습을 촉진합니다.

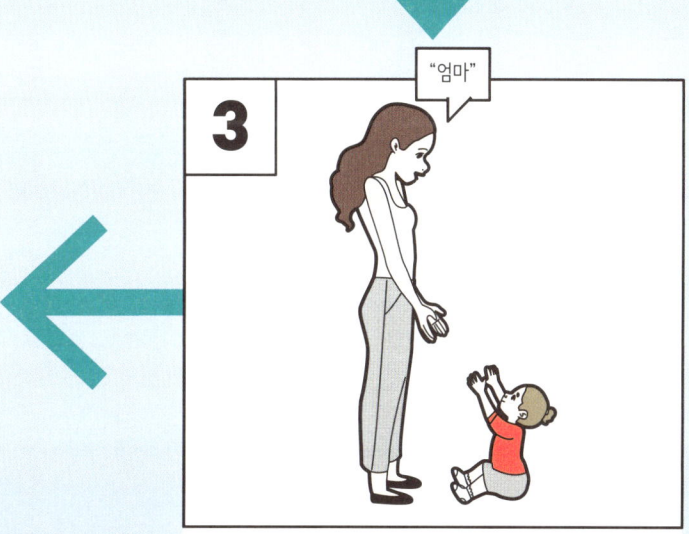

자연적 중재 (88페이지)

학생의 동기를 파악하여 어떤 단어를 먼저 가르칠 것인지 정합니다. 대부분 학생들의 첫 단어는 그들이 원하는 물건입니다(예: 좋아하는 장난감, 선호하는 음식).

교구들

소개

다음 챕터에는 학생을 가르치는 데 도움이 되는 탬플릿, 도구 및 자료들이 포함되어 있습니다. 당신이 이 책에서 배운 전략과 함께 제공되는 자료들을 복사하거나 잘라서 사용할 수 있습니다. 이 자료들은 ABA Visualized의 웹 사이트에서도 찾을 수 있습니다.

시각적 지원

시각적 지원은 말을 사용하는 대신 그림이나 글자를 이용하여 의사소통을 하는 수단을 말합니다. 시각적 지원은 언어 발달에 지연이 있는 학생들이 이해하기 쉬운 방식으로 많은 정보를 전달합니다. 그러나 언어 지연이 있는 학생들에게만 도움이 되는 것은 아닙니다. 시각적으로 표현하는 것은 정보를 처리하는 데 있어 가장 좋은 방법이기 때문에 우리는 쉽게 우리의 일상생활과 주변에서 이러한 시각적 지원을 사용하는 것을 볼 수 있습니다. 거리의 표지판을 보고 어디로 가야 하는지를 알고, 약속 시간을 기억하기 위해 달력에 의존하고, 장을 볼 때 목록을 작성하여 도움을 받기도 합니다. 이러한 각각의 전략은 일종의 시각적 지원입니다.

시각적 지원은 학생들이 새로운 기술을 배우고, 그들에게 무엇이 기대되는지를 알고, 자기 관리 기술을 향상시키는 데 도움을 줄 수 있습니다. 시각적 수단을 통해 학생들이 또래나, 교사들과 더 잘 소통하는 방법을 배울 수 있으므로 의사소통을 하는데 효과적입니다. 이러한 시각적 지원을 일관되게 사용함으로써 독립성을 높이고 문제행동을 줄일 수도 있습니다.

연구에 따르면 시각적 지원은
- 학생이 집중할 수 있게 합니다.
- 추상적인 개념을 보다 시각적으로 구체화 할 수 있습니다.
- 학생들이 자신의 생각을 표현할 수 있게 합니다.
- 반복적인 일과와 순서를 제공합니다.
- 불안감을 줄일 수 있습니다.
- 전환할 때 도움을 주는 도구로 활용할 수 있습니다.

자폐증 학생을 위한 시각적 지원:

자폐증이 있는 사람들은 언어적 지시를 이해하고 따르는 것을 어려워하는 경우가 있습니다. 그들은 자신이 원하거나 필요로 하는 것을 충분히 표현하는데 어려움을 겪을 수 있습니다. 시각적 자료는 교사가 기대하는 바를 전달하는 데 도움이 됩니다. 이는 학생의 좌절감을 줄이고, 의사소통의 어려움으로 인한 문제행동을 줄이는 데 도움이 될 수 있습니다. 시각 자료는 적절하고 긍정적인 의사소통 방법을 촉진하는 데 도움이 됩니다.

일상 생활의 변화나 낯선 상황을 그들이 마주했을 때 불안을 경험하는 사람에게 시각적인 수단은 어떤 것을 예상하고, 어떤 일이 다음에 일어날지 이해하는 데 도움을 줌으로써 불안감을 완화시킬 수 있습니다.

토큰 보드

목표
목표 과제를 완료하기 위한 동기 부여와 지시 순응을 높여줍니다.

방법
과제가 완료될 때마다 칭찬과 토큰 형태로 보상을 제공한 다음, 토큰을 모두 모으면 더 큰 보상을 제공합니다.

조건
- 목표 과제를 완료하기 위해 얻을 수 있는 것을 시각적으로 상기시키는 용도로 사용합니다.
- 다양한 과제에 대한 지시 순응을 돕는 데 사용합니다.
- 지연된 강화를 가르치는 데 사용합니다(나중에 더 큰 보상이 되는 것을 얻음).
- 자기 관리를 가르치는 데 사용합니다(학생은 과제를 완료한 후 자신에게 스스로 토큰을 주는 법을 배울 수 있습니다).

사용방법/지침
1. 이 페이지를 복사한 후, 점선을 따라 조각을 자릅니다.
2. 가능하다면 코팅하여 더 오랫동안 사용하도록 합니다.
3. 과제를 하고 난 뒤 어떤 보상을 받을 것인지 물어봅니다.
4. 보상할 물건의 그림을 토큰 보드에 붙입니다.
5. 아동이 과제를 수행할 때마다 별 모양의 토큰을 하나씩 각 네모의 빈칸에 붙여줍니다.
6. 토큰 보드가 모두 채워지면(6개의 별) 학생은 원하는 보상을 받을 수 있습니다.

토큰을 다 모으면, 나는 이것을 받을 수 있어요.

보상이 되는 물건의 사진을
이곳에 붙이세요.

첫 번째 별 토큰을
여기서부터 붙여주세요.

행동 계약

목표
책임감과 자기 규제를 촉진하고, 학생의 동기부여와 노력을 향상시키며, 구조화와 일관성을 제공합니다.

방법
기대치를 설정하고 보상을 선택하는데 학생을 참여시킵니다. 우선 계약 내용을 검토하고 목표를 달성해 가고 있는지 스스로 확인하게 하여 독립성을 향상시킬 수 있도록 도움을 줍니다.

조건
행동 계약은 가정과 학교에서 모두 사용될 수 있습니다. 어떤 학생들은 가정에서 기대되는 바에 대한 계약서와 학교에서 기대하는 것에 대한 계약서를 각각 하나씩 만들 수 있습니다.

지속적인 행동 문제, 단체 생활에 대한 문제, 또는 과제를 완료하는 데 어려움을 겪는 학생들에게 사용할 수 있습니다.

사용방법/지침
1. 이 페이지를 복사한 후, 예시를 자릅니다.
2. 개선할 목표 행동을 결정합니다.
3. 팀(교사, 학생, 학부모)으로 계약서를 작성 합니다. 예상되는 사항 및 얻을 수 있는 사항을 적습니다.
4. 모두가 동의하면 서명을 합니다. 학생이 매일 계약서를 확인하고 보상을 받았는지 여부를 확인함으로써 독립성을 판단할 수 있습니다.

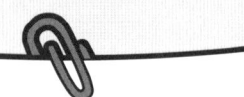

행동 계약서(예시)

학생 이름: 김소은
교사 이름: 홍길동
목표: 매일 숙제하기

나는 ~를 할 것입니다.
매일 아침 숙제를 제출합니다.
수업 완료 후 즉시 제출합니다.
수업이 끝나면 제출해야 할 과제가 있는지 책상을 확인합니다.

만약 내가 과제를 완료한다면,
하루 동안 줄반장을 할 수 있습니다.
컴퓨터 시간을 15분 더 받을 수 있습니다.
부모님께 칭찬을 받습니다.

만약 내가 계약을 지키지 않는다면,
과제를 완료할 때까지 컴퓨터 시간을 받지 못합니다.
컴퓨터 시간이 15분 줄어듭니다.
부모님께 무엇을 제출하지 못했는지 설명해야 합니다.

선생님은 나에게 다음과 같이 도움을 줍니다.
하루를 시작할 때 숙제를 제출하라고 상기시켜 줍니다.
수업이 끝났을 때 책상을 확인해보라고 상기시켜 줍니다.

서명

김소은   홍길동

학생 이름 _____

교사 이름 _____

목표 _____

내가 해야 할 것은,
_____
_____
_____

만약 내가 과제를 완료했다면,
_____
_____
_____

만약 내가 계약을 지키지 않는다면,
_____
_____
_____

선생님은 나에게 다음과 같이 도움을 줍니다.
_____
_____
_____

서명

_____ _____ _____

시각적 일과표

목표
일반적인 하루 일과와 전환에 대한 순응을 높입니다.
일정이 변경되는 것과 관련된 문제행동을 줄입니다.

방법
그날 완료되는 활동에 대해 간략하게 설명하여 안내 해주고, 예측 가능하게 해줍니다. 각각의 활동을 완료하고 활동간 전환을 할 때 독립성을 강화하도록 합니다.

조건
아침, 방과 후 또는 취침 시간 등 특정 시간에 대한 하루 일과를 작성할 수 있습니다. 교실에서의 하루 일정을 게시하거나, 오전, 오후 일정으로 나누어 보여줄 수도 있습니다.

팁
선호하지 않는 활동 중간에 휴식을 갖고, 동기를 계속 높여주기 위해 선호하는 활동을 일정에 포함하도록 합니다.

사용방법/지침
1. 모든 조각을 잘라서 가능하다면 코팅하여 더 오랫동안 사용하도록 합니다.
2. 일정에 맞게 그림을 배치하여 활동이 진행될 수 있게 합니다. 하루 전체 일과, 아침 일과 또는 취침시간 일과 등 시간을 구분하여 일정을 만들 수 있습니다.
3. 활동이 완료되면 왼쪽 열에서 오른쪽 열로 그림을 이동할 수 있습니다. 활동으로 모든 칸을 채운 경우에 완료되면 그림을 제거하는 방법을 사용할 수도 있습니다.

하루 일과

_____의 하루

과제 분석

손 씻기

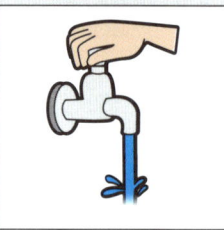
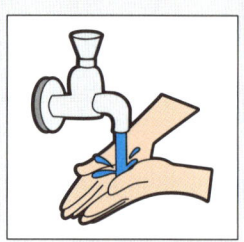
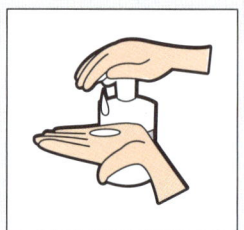

목표
새로운 기술이나 복잡한 기술을 세부 단계로 나누어 가르칩니다.

방법
단계별 지침으로 구성된 시각적 자료를 이용하여 각각의 일상 활동을 완료하도록 하고, 독립성을 증진시킬 수 있습니다.

조건
새롭게 가르칠 기술을 과제 분석을 통해 작성해 봅니다 (예: 양치질 하기). 학생이 과정을 수행하는데 도움이 되도록 각 단계를 손으로 가리키는 촉구를 주어 알려줍니다. 몇 번의 연습 후에 교사는 가리켜서 촉구를 주는 것을 멈추고, 학생이 그림을 지침으로 사용할 수 있도록 합니다.

사용방법
1. 이 페이지를 복사하여, 과제 분석된 일상생활 기술 시각적 자료를 잘라냅니다. 가능하면 더 오래 사용할 수 있도록 코팅을 합니다.
2. 해당 기술이 일어나는 공간에 과제 분석된 자료를 붙여 놓습니다.
3. 처음에는 학생이 수행해야 하는 각 단계를 손으로 가리켜 단계별로 알려줍니다. 교사는 다른 유형의 촉구를 제공해야 할 수도 있습니다(90페이지 기술 분석하기 참조).
4. 학생의 기술 수행 독립성이 높아짐에 따라, 점차 교사의 도움 없이도 시각적 자료의 단계를 스스로 따라갈 것입니다.
5. 학생이 기술을 모두 습득하였으면 과제 분석 자료를 제거합니다.

양치하기

 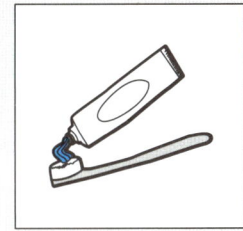   

옷 입기

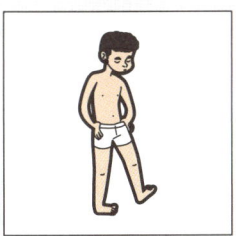 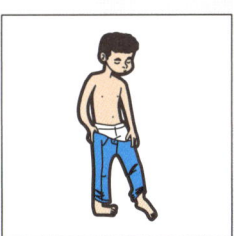   

길 건너기

단추 끼우기

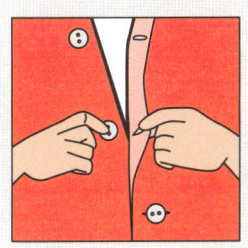 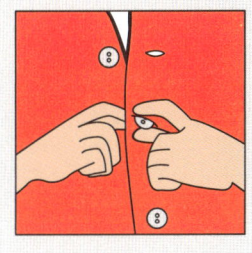 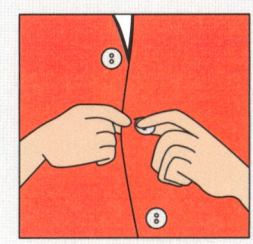

문장 시작 카드

목표
바람직한 요청하는 방법을 가르치기 위해 표현하는 의사소통의 기술을 향상시킵니다.

방법

선행적 사용
문장 시작 카드를 이용하여 학생이 문제행동 대신에 원하는 것 또는 필요한 것을 적절하게 표현할 수 있도록 시각적으로 도움을 줍니다.

문제행동을 관리하는 데 사용
학생이 무엇인가를 원해서 문제행동을 하기 시작하면 이 카드들 중 하나를 보여주고, 학생이 차분한 목소리로 문장을 말하면 원하는 것을 제공해줍니다.

조건
문장 시작 카드는 3~5 단어로 된 문장을 말할 수 있는 정도의 학생들이 사용할 수 있습니다.

현재 한 단어로 요청이 가능한 학생의 경우 (예: 플레이도우), "_____ 하고 싶어요." 카드, 즉, 3단어 정도로 구성된 문장부터 시작합니다.

사용방법
1. 이 페이지를 복사하세요.
2. 문장 시작 카드를 잘라내고 가능하다면 더 오랫동안 사용하기 위해 코팅을 하세요.
3. 요구하기 가르치기 전략과 함께 사용합니다(106 페이지).

나는 _____ 와(과) 함께 놀고 싶어요.

나는 _____ 하고 싶어요./갖고 싶어요.

_____ 가지고 놀아도 돼요?

_____ 가져도 돼요?

'먼저, 그 다음' 시각적 지원

목표
과제를 완료하기 위한 동기 부여와 순응도를 향상시킨다.

방법
지시를 할 때, "먼저, 그 다음"이라는 용어를 글자, 그림 또는 언어로 촉구하는 방법을 사용하여 학생이 나중에 받을 수 있는 보상을 상기시켜 줍니다.

조건
이 방법은 언어로 지시하는 것보다 시각적 자료에 더 잘 반응하는 학생들에게 적절합니다. 또한 이 시각적 자료는 언어적 지시와 함께 사용할 수 있으며, 학생이 해야 할 일을 상기시킬 수 있도록 시각 자료를 손으로 가리켜서 사용할 수도 있습니다.

사용방법
1. 학생에게 동기 부여가 될 수 있는 보상을 확인합니다.
2. "먼저"와 "그 다음" 칸에 글자를 쓰거나 그림을 붙입니다. "먼저" 칸에는 학생이 완료해야 하는 과제가 포함되어야 합니다. "그 다음" 칸에는 학생이 받게 될 보상이 포함되어야 합니다.
3. 이 시각 자료는 언어 지시와 함께 사용합니다. "먼저(해야 할 과제), 그 다음(보상)"(58페이지)

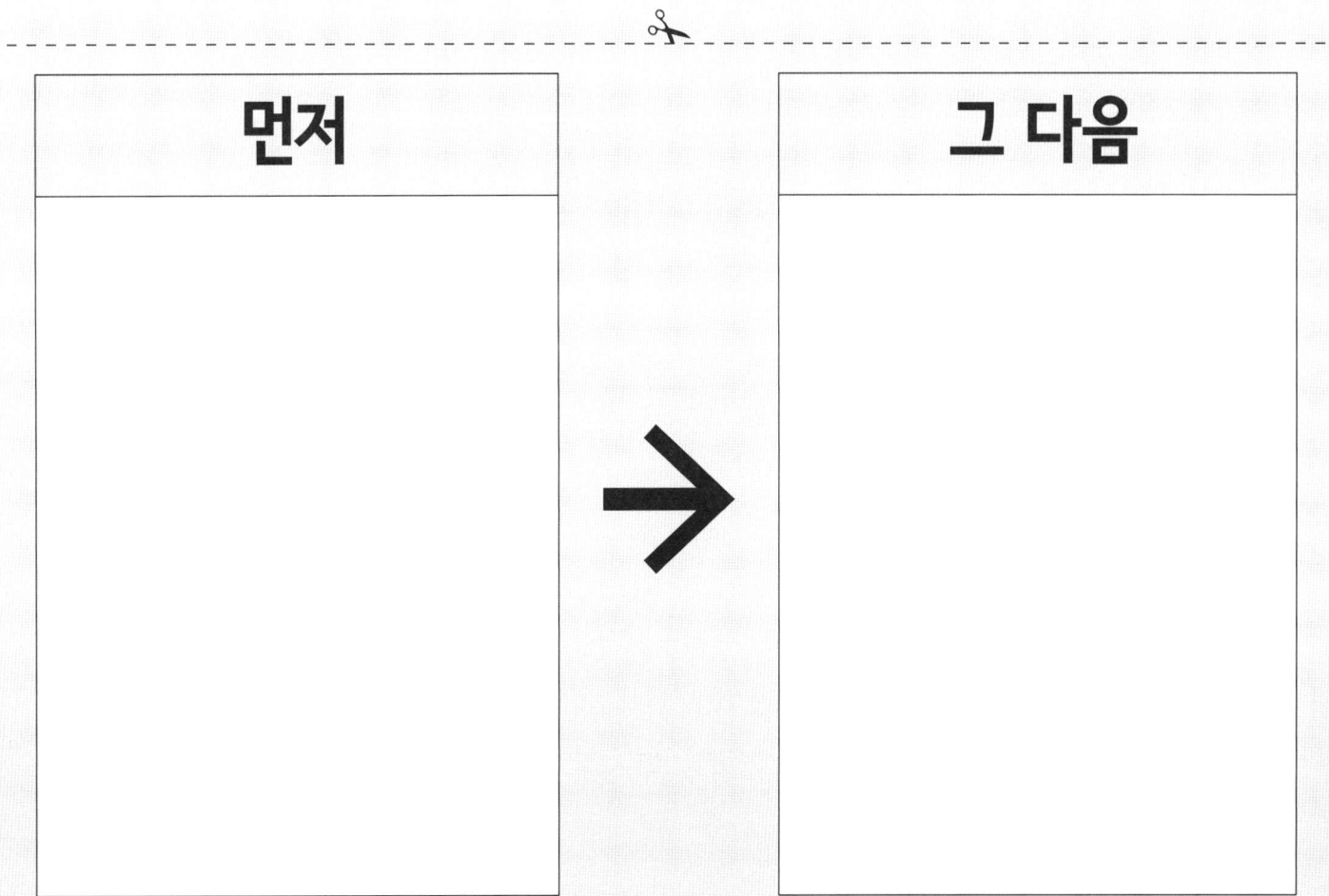

ABC 데이터 수집 기록지

목표
행동 전후에 발생하는 단서를 통해 행동이 발생하는 원인을 파악합니다.

방법
새로운 문제행동이 발생했을 때, 그 행동이 발생하는 원인을 알기 위해 행동과 관련된 모든 상황을 설명하는 메모를 작성해봅니다. 이 기록을 통해 행동의 기능에 관한 단서를 찾을 수 있습니다.

조건
현재 발생하는 각각의 문제행동에 대해 ABC 데이터를 수집합니다. 새로운 문제행동이 발생할 때마다 첫 번째로 해야할 단계는 ABC 데이터를 수집하는 것입니다.

사용방법
1. 문제행동이 발생했을 때 최소 4번 이상의 ABC 데이터를 수집합니다(30페이지).
2. 수집한 정보를 통해 행동의 기능을 파악해봅니다(33페이지).

학생 이름 _____

날짜 _____

시간	상황(환경) & 관련된 사람

선행사건	행동(문제행동)	후속결과	행동의 기능
행동 발생 직전에 일어난 일	행동에 대한 묘사	행동 직후에 일어난 일	

자료들

추천 제품 (도움이 되는 자료)

감각자극 관련
- Chewing (치발기- 씹을 수 있는 것들)
- Headphone (소음을 줄여주는 헤드폰)
- Transformer Sensory Sack(몸 전체를 감쌀 수 있는 천)
- Variety Things(다양한 감각 자극 물건들이 담긴 상자-쉬는 시간에 가지고 놀 수 있는 물건들)
- Strechy Sensory Fidget Strings(늘어나는 줄)
- Massage Roller and Ball(마사지 롤러 또는 볼)
- Band for Sports(스포츠용 밴드-의자에 걸 수 있는)
- Liquid Floor Tile(매트를 밟거나 누르면 안에 들어있는 액체의 모양이 바뀜)

식이 관련
- 8칸 나눔 접시

소근육 관련
- Let's go Finger Fishing (손근육 조작도구 : 지퍼, 단추끼우기, 똑딱이 단추, 빨래 걷기 등)
- Shape Sorter (모양 끼우기)
- String a Farm Beads (구슬 끼우기와 비슷)
- Mighty Mind (칠교놀이와 비슷)
- I can tie my shoes (신발 끈 묶기 교구)
- Count and Sort Stacking Tower (수세기, 분류하기, 끼우기 가능한 교구)
- Dimpl (누르는교구)
- Skoolzy Peg Board Set (페그 보드)

사회성 기술 관련
- Social Inferences Fan Deck (사회적 상황 카드)
- Photo Feelings Fun Deck (다양한 표정 사진)
- 204 Fold & Say Social Skills (사회적 기술 워크북 : 사회적 상황이 예시로 나와있고, 그 상황과 관련된 질문에 답을 해봄으로써 적절한 행동이 무엇인지 알아본다.)

장난감/게임
- Friends and Neighbors: The Helping Game (사회적 문제 상황과 해결 방법을 매칭하는 게임이다. 이를 통해 상황과 관련된 감정 표현과 사회성 기술을 함께 배울 수 있다.)
- Cat in the Hat I Can Do That! Game (3개의 카드를 뽑아서 그 카드의 지시대로 과제를 수행하는 게임. 과제를 수행하면 점수를 얻을 수 있다.)
- Dinosaur Escape Game (공룡 구출하기 게임)
- Social Skills : 6 Board Games in 1 (사회적 기술과 관련된 6가지의 보드게임: 감정 다스리기, 예의, 도덕, 우정, 공감하기, 감정 표현하기)
- ThinkFun Roll and Play Game (주사위를 던져서 나온 색깔의 카드를 뒤집어본다. 카드에 적혀있는 미션을 수행하면 된다. 노랑 : 감정, 표정 관련 / 주황 : 숫자 관련 / 보라 : 신체 관련 / 파랑 : 색깔 관련 / 초록: 동물소리 흉내 / 빨강: 동작)

행동 관리에 도움이 되는 제품들
- Ring Alarm Contact Sensor (문이나 창문이 열리고 닫힐 때 알려주는 센서. 문이 열리고 닫힌 시간이 앱에 기록으로 남는다.)
- Motivaider (설정해놓은 시간 간격으로 진동으로 알람을 줌.)
- Wet Stop (속옷이 젖었을 때 알림을 주는 기계)
- OK to Wake! Alarm Clock and Night-Light (독립수면을 위한 알람시계, 초록불이 들어올 때 부모님 방에 갈 수 있도록 함.)
- Vagreez 30 and 5 Minute Sand Timer (모래시계)

교실에서 활용할 수 있는 제품들
- Stickerpop.com / Stickerpop! App (그림파일들이 있는 사이트와 앱)
- Time Timer (시각 타이머)
- Kore Wobble Chair, Hokk: Stool, Seatiy Disc, Stability Ball (높낮이 조절이 가능한 의자)
- EZ Stick Classroom Line up (줄서기에 도움을 줄 수 있도록 바닥에 부착이 가능한 스티커)
- Personal Table Screen (개인 책상 가림막)
- E, Z, C Reader Strips (읽어야 하는 부분이 뚫려있고 주변은 가려주어 집중해서 읽을 수 있도록 도움을 주는 제품)

책
- Behaviorspeak: A Glossary of Terms in ABA By Bobby Newman
- Would you Teach a Fish to Climb a Tree? By: Anne Maxwell
- More than Words By Fern Sussman (번역서 : 우리 아이 언어치료 부모가이드)
- The Verbal Behavior Approach By Mary Barbera (번역서 : 우리 아이 언어발달 ABA 치료 프로그램)
- How Are You Feeling Today? By Molly Potter
- Poke a Dot Book Series(10 Little Monkeys, Goodnight Animal)
- Old MacDonald's Farm, Who's in the Ocean?, etc) By Melissa & Doug

참고문헌

American Psychiatric Association. (2013). Diagnostic and Statistical Manual of Mental Disorders (5th ed.). Washington, DC.

Baker, Jed (2008). No More Meltdowns – Positive Strategies for Managing and Preventing Out-of-Control Behavior. Arlington, TX: Future Horizons, Inc.

Boesch, M.C., Taber-Doughty, T., Wendt, O., Smalts, S.S. (2015). Using a behavioral approach to decrease self-injurious behavior in an adolescent with severe autism: a case study. Education and Treatment of Children, 38(3), 305-328.

Boutot, A., & Hume, K. (2012). Beyond time out and table time: Today's Applied Behavior Analysis for students with autism. Education and Training in Autism and Developmental Disabilities, 47, 23-38.

Bryce, C. I., & Jahromi, L. B. (2013). Brief report: compliance and noncompliance to parental control strategies in children with high-functioning autism and their typical peers. Journal of Autism and Developmental Disorders, 43(1), 236+.

Buron, Kari Dunn, & Curtis, Mitzi (2003). The Incredible 5-Point Scale. Shawnee Mission, KS: Autism Asperger Publishing Company.

Carr, E.G. & Durand, V.M. (1985). Reducing problem behaviors through functional communication training. Journal of Applied Behavior Analysis, 18(2), 111-126.

Conroy, M. A., Asmus, J. M., Boyd, B. A., Ladwig, C. N., & Sellers, J. A. (2007). Antecedent classroom factors and disruptive behaviors of children with autism spectrum disorders. Journal of Early Intervention, 30(1), 19-35.

Cooper, J.O., Heron, T.E., & Heward, W.L. (2007). Applied behavior analysis (2nd ed.). Upper Saddle River, NJ: Pearson Education, Inc.

Cooper, J.O., Heron, T.E., & Heward, W.L. (2019). Applied behavior analysis (3rd ed.). Upper Saddle River, NJ: Pearson Education, Inc.

De Bruin, C., Deppeler, J., Moore, D., & Diamond, N. (2013). Public School-Based Interventions for Adolescents and Young Adults With an Autism Spectrum Disorder: A Meta-Analysis. Review of Educational Research, 83(4), 521-550.

Durand, V.M. & Carr, E.G. (1991). Functional communication training to reduce challenging behavior: maintenance and application in new settings. Journal of Applied Behavior Analysis, 24(2), 251-264.

Durand, V.M. & Moskowitz, L. (2015). Functional communication training: thirty years of treating challenging behavior. Topics in Early Childhood Special Education, 35(20),116-126.

Eckenrode, L., Fennell, P., & Hearsey, K. (2004). Tasks Galore for the Real World. Raleigh, NC: Tasks Galore.

Eldevik S., Hastings R. P., Hughes J. C., Jahr E., Eikeseth S., Cross S. Meta-analysis of early intensive behavioral intervention for children with autism. Journal of Clinical Child & Adolescent Psychology. 2009

Falcomata, T.S., Muething, C.S., Gainey, S., Hoffman, K., Fragale, C. (2013). Further evaluations of functional communication training and chained schedules of reinforcement to treat multiple functions of challenging behavior. Behavior Modification, 37(6), 723-746.

Gerhardt, P.F., Weiss, M.J., Delmolino, L. (2004). Treatment of severe aggression in an adolescent with autism: non-contingent reinforcement and functional communication training. The Behavior Analyst Today, 4(4), 386-394.

Hart Barnett, J. (2018). Three Evidence-Based Strategies that Support Social Skills and Play Among Young Children with Autism Spectrum Disorders. Early Childhood Education Journal., 46(6), 665–672.

Harvey, Shane T et al. (2009). Updating a Meta-Analysis of Intervention Research with Challenging Behaviour: Treatment Validity and Standards of Practice. Journal of Intellectual & Developmental Disability, 34(1), 67–80.

Lovaas, I., Newsom, C., & Hickman, C. (1987). Self-stimulatory behavior and perceptual reinforcement. Journal of Applied Behavior Analysis, 20(1), 45–68. http://doi.org/10.1901/jaba.1987.20-45

Maag, John W. (2001). Powerful Struggles: Managing Resistance, Building Rapport. Longmont, CO: Sopris West Educational Services.

Mancil, G.R. & Boman, M. (2010). Functional communication training in the classroom: a guide for success. Preventing School Failure, 54(4), 238-246.

Martínez-Pedraza, F. de L., & Carter, A. S. (2009). Autism Spectrum Disorders in Young Children. Child and Adolescent Psychiatric Clinics of North America, 18(3), 645–663. http://doi.org/10.1016/j.chc.2009.02.002

Moes, D.R., Frea, W.D. (2002) Contextualized behavioral support in early intervention for children with autism and their families. J Autism Dev Disord, 32(6), 519-33.

Moyes, Rebecca A. (2002). Addressing the Challenging Behavior of Children with High-Functioning Autism/Asperger Syndrome in the Classroom. Philadelphis, PA: Jessica Kingsley Publishers.

Myles, Brenda Smith, & Southwick, Jack (2005). Asperger Syndrome and Difficult Moments: Practical Solutions for Tantrums, Rage, and Meltdowns. Shawnee Mission, KS: Autism Asperger Publishing Co.

Raulston, T., Hansen, S., Machalicek, W., McIntyre, L., & Carnett, A. (2019). Interventions for Repetitive Behavior in Young Children with Autism: A Survey of Behavioral Practices. Journal of Autism and Developmental Disorders., 49(8), 3047–3059.

Rao, Shaila M., Gagie, Brenda. (2006). Learning through Seeing and Doing: Visual Supports for Children with Autism. Teaching Exceptional Children, 38(6), 26-33.

Rispoli, M., Camargo, S., Machalicek, W., Lang, R., Sigafoos, J. (2014). Functional communication training in the treatment of problem behavior maintained by access to rituals. Journal of Applied Behavioral Analysis, 47, 580-593.

Stichter, J. P., Randolph, J. K., Kay, D., & Gage, N. (2009). The use of structural analysis to develop antecedent-based interventions for students with autism. Journal of Autism and Developmental Disorders, 39(6), 883-96.

Wacker, D.P., Schieltz, K.M., Berg, W.K, Harding, J.W., Dalmau, Y.C.P., Lee, J.F. (2017). The long-term effects of functional communication training conducted in young children's home settings. Education and Treatment of Children, 40(1), 43-56.

Wagner, Sheila (1998). Inclusive Programming For Elementary Students With Autism. Arlington, TX: Future Horizons, Inc.

용어 찾아보기

- 가출, 78
- 강박장애 (OCD), 21
- 강화, 40~45
- 공동 주의, 104
- 과제 분석, 90, 140
- 놀이 기술, 86, 98, 102, 104
- 다운증후군 (DS), 19
- 대본읽기, 80
- 동기화 (연합), 86
- 말하고, 보여주고, 실행하기 (3단계 지시법), 68
- 먼저, 그 다음 (프리맥 원리), 58
- 모델링, 98
- 문제 해결, 92~95
- 바람직한 대체행동 가르치기, 72
- 반응 전략, 65~81
- 사전 예고, 56
- 사회적 기술, 86, 96, 98, 100, 102, 104
- 상동증, 80
- 상동행동, 80
- 선택권 주기, 62
- 선행사건, 29~38
- 소거, 23, 74~77
- 순응, 58, 60, 62, 68
- 쉬운 것, 쉬운 것, 어려운 것 (고확률 요구 연쇄), 60
- 언어 기술, 88, 96, 98, 100, 104, 106, 130
- 예방 전략, 49~63
- 요구하기 가르치기 (맨드 훈련), 106
- 운동기능, 96, 98, 100
- 응용행동분석 (ABA), 16, 22~23, 28~29
- 일반화, 100
- 자기자극 행동, 80
- 자연적 중재, 88
- 자폐스펙트럼장애 (ASD), 16~18
- 자해 행동, 74~77, 78
- 적응 기술, 88, 90, 96, 98, 100, 142
- 주의력 결핍 및 과잉행동 장애 (ADHD), 20
- 차단하기, 78

- 토큰 경제, 70, 136
- 행동, 16, 28~35
- 행동의 기능, 33~39
- 행동 형성, 96
- 환경 바꾸기, 54
- 후속결과, 29~45